I0174069

17
350 K

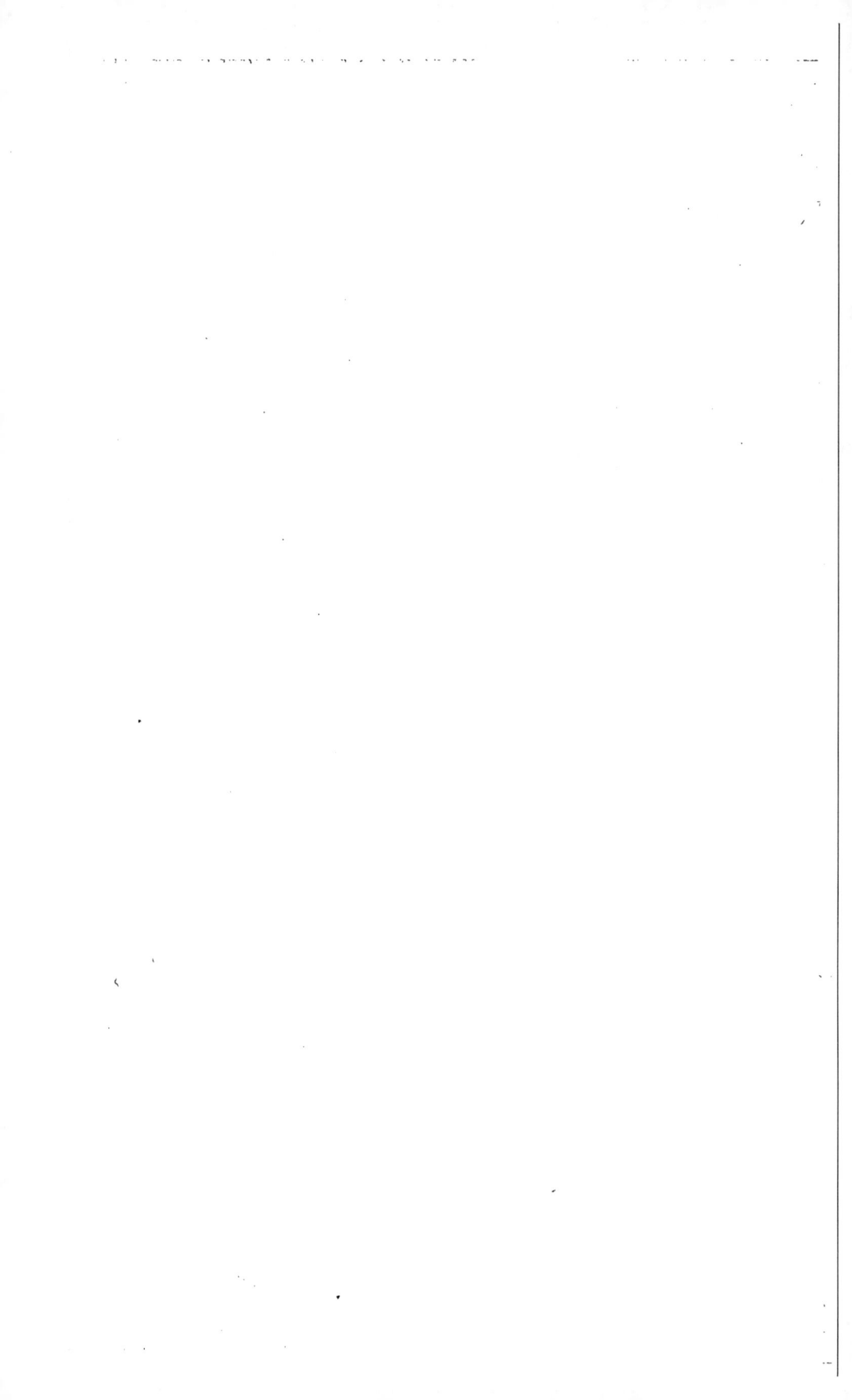

ÉTUDE HISTORIQUE.

ÉTUDE HISTORIQUE.

LA

VISITE PASTORALE

DE

Mgr PÉRIER ÉVÊQUE D'AVIGNON

A APT en 1806

PAR M. L'ABBÉ ROSE

CURÉ DE LAPALUD, CHANOINE HONORAIRE D'AVIGNON
CHEVALIER DE LA LÉGION-D'HONNEUR.

BIBLIOTHÈQUE IMPÉRIALE IMPR.

.... Quæque ipso.... vidi,
Et quorum magna pars fui....... .
ENÉIDE II.

PONT-SAINT-ESPRIT

IMPRIMERIE ET LIBRAIRIE DE GROS FRÈRES,
Rue d'Orléans, n° 37.

1860.

PONT-S.-ESPRIT. — IMP. GROS FRÈRES.

LA

VISITE PASTORALE

DE

Mgr PÉRIER A APT.

I.

Les évènements qui se déroulent fréquemment sous nos yeux
à des intervalles inégaux ou avec un certain caractère de pério-
dicité, ne tombent dans le domaine de l'histoire qu'autant qu'ils
donnent lieu à quelque circonstance remarquable de temps, de
lieu ou de personne qui les sauve de l'oubli en les perpétuant
dans la mémoire des hommes. S'il fallait, en effet, admettre dans
ses récits, les actes des princes ou des prélats qui ne sortent par
aucun endroit de l'ordre ordinaire et les faire entrer dans la
trame de la narration, l'histoire, au prix d'une telle condition,
cesserait d'être l'histoire et deviendrait une suite de procès-
verbaux dont l'uniformité produirait l'ennui ce mortel ennemi des
plaisirs de l'esprit humain. Mais qu'il s'agisse au contraire d'un

évènement détaché d'autres de la même espèce, par une circonstance remarquable qui le tire de l'ornière commune et lui donne
une physionomie particulière, alors et seulement alors, l'histoire s'en empare, et l'introduisant dans ses récits, elle le lie à
l'aide d'un heureux enchaînement avec ce qui précède et ce qui
doit suivre, de manière à former un tout harmonique, autrement
dit une œuvre d'art. C'est à ce titre que j'ai choisi pour sujet de
cette Étude, la *Grande visite pastorale* que Mgr Périer, évêque
d'Avignon, vint faire à Apt au commencement du mois de novembre de l'année 1806, quatre ans après la mise en activité du
Concordat. Je l'appelle *grande visite* à bon droit parce qu'elle
dura huit jours et qu'à nous, alors jeunes hommes, peu fami-
liers, encore avec le passé, elle nous apparut avec tout le prestige de la nouveauté : d'autant que notre ville n'avait plus joui de
la présence d'un évêque, depuis l'époque où, intimidé par les
manifestations turbulentes de l'assemblée des Cordeliers, à l'au-
rore de la révolution, Mgr de Cély crut devoir s'éloigner de son
diocèse pour aller se fixer au-delà des monts.

Avant de raconter les incidents de cette visite mémorable dont
le souvenir est encore gravé dans l'esprit des personnes qui en
furent témoins, jettons un coup d'œil rapide sur le nouveau diocèse d'Avignon, tel que venait de le faire ce Concordat tant désiré qui devait donner la paix à l'Église de France tiraillée par un
schisme déplorable. Formé de deux départements, ceux de Vaucluse et du Gard, ce diocèse, d'une étendue immense, avait dû
recevoir une organisation proportionnée au grand nombre de
prêtres et de paroisses qui se mouvaient dans son sein. De là,
dans tous les chefs-lieux d'arrondissement avec d'amples pouvoirs, la création de doyens et sous-doyens qui rendaient l'autorité épiscopale présente dans tous les grands centres et la

rapprochaient ainsi des paroisses les plus reculées. Ce morcelle-
ment d'un pouvoir unique, véritable décentralisation pour qui va
au fond des choses, ne serait pas de mise aujourd'hui que chaque
évêque n'a qu'un seul département sous sa juridiction. Mais il
fallait alors d'autres rouages que ceux qui fonctionnent sous nos
yeux et les exigences de l'époque en rendaient le concours d'une
nécessité indispensable. Au reste, peu de personnes, si ce n'est
celles qui se montrent curieuses des choses du clergé, sont
au courant de la marche qu'affectait le mécanisme hiérarchique
dans le moment de la transition du régime ancien au nouveau :
et c'est à cause de ce petit nombre, que je crois utile d'en donner
une connaissance sommaire, afin de faciliter aux lecteurs de cette
étude, le moyen de suivre avec intelligence les détails variés que
la visite de Mgr Périer est de nature à grouper autour d'elle.

De même que l'Évêque représente l'Église qu'il administre, de
même aussi ceux qu'il associe à son autorité le représentent auprès des fidèles et des prêtres qui se trouvent dans les rangs du
clergé militant. Pour déterminer en quel sens cette double re-
présentation doit être prise, il faut définir ce que c'est que la première comme la plus éminente, et l'idée de la seconde s'en suivra
immédiatement de cette définition. Le terme lui-même en four-
nit la notion : représenter une Église, signifie agir en son nom,
exprimer sa croyance, ses sentiments, ses intérêts et son esprit,
comme on dit qu'un envoyé représente son prince, lorsque revêtu du caractère diplomatique, il agit au nom du prince, il
exprime ses intérêts et il exécute sa volonté selon les instructions
qu'il en a reçues. Ainsi, au même titre que l'évêque représente
son Église, ainsi ceux qu'il investit de son autorité, représentent
le Prélat dans les limites du territoire qu'il leur a assigné. C'est
dans le but de faire l'application de cette belle théorie que

Mgr Périer nomma des doyens et des sous-doyens auxquels il fit
une copieuse part de ses attributions : car, c'est par elles surtout
que le prestige de la dignité d'une fonction se soutient dans le
monde et commande le respect. Voilà donc pour Vaucluse, pour
ne parler ici que de ce département, voilà, dis-je, quatre repré-
sentants de l'autorité épiscopale avec leurs suppléants placés
chacun à la tête d'un arrondissement, pour y surveiller les besoins du peuple dans ses rapports avec le culte public. Ces dignitaires étaient pour Avignon, M. Chalbos, curé de la cathédrale ; pour Apt, M. Berthe-Olier, ancien grand-vicaire ; pour
Carpentras, le P. Jéhan, de l'Institut de la Doctrine, remplacé
plus tard par le P. Justiniani, curé de la même ville ; et pour
Orange, M. l'évêque Étienne, prélat démissionnaire qui accepta
cependant la cure de cette ville pour ne pas rester étranger à la
nouvelle hiérarchie.

Leurs fonctions étaient formulées ainsi qu'il suit, d'après le règlement du diocèse :

« Les doyens, y est-il dit, et à leur défaut les sous-doyens,
» président l'assemblée des curés de leur ressort, font la distri-
» bution des Saintes-Huiles, visitent les cures de leur juridiction,
» surveillent l'exercice du ministère, le maintien de la discipline,
» et rendent compte aux vicaires-généraux ou aux archidiacres
» qui en réfèrent à l'Évêque. »

Puis dans un autre paragraphe, on lit la disposition suivante :

« Les doyens et sous-doyens pourront donner dans leur res-
» sort la dispense de deux annonces et des empêchements prohi-
» bitifs du mariage ; ils pourront également donner le *biscantat*
» s'il y a nécessité ; ils pourront aussi absoudre des censures et
» des cas réservés et donner la même permission aux prêtres
» approuvés par nous dans leur ressort respectif. »

Il faut bien en convenir : l'Évêque accordait-là de belles attributions dont les doyens usèrent cependant avec une mesure parfaite : attributions qui les firent envisager dans le public comme des grands-vicaires au petit pied et les placèrent si haut dans la confiance du clergé, que les affaires même les plus épineuses réglées par eux, n'allaient presque jamais par voie d'appel au tribunal suprême du diocèse. C'est ainsi que le règlement de Mgr Périer, fort simple d'ailleurs, commença à porter d'heureux fruits dès son début, ou pour parler plus juste, dès le moment de son application aux diverses branches du régime clérical. En jettant les yeux sur les articles de ce règlement, on les trouve, il est vrai, rédigés d'une manière par trop laconique et pas assez semés de ces effusions de zèle qui les font aimer de ceux-là même dont ils doivent redresser la conduite. On y regrette surtout la précision et le nerf qui semblent former les attributs caractéristiques du style législatif. Mais si on ose fouiller dans les profondeurs de la vénérable antiquité, on y contemplera de toutes parts le gouvernement des premiers pasteurs sous l'image douce et attendrissante d'un régime vraiment paternel, dont la confiance est l'âme, et qui doit aux armes victorieuses de la persuasion l'éclat et le prix de ses triomphes les plus durables.

Quelque opinion que l'on eut alors de l'œuvre de Mgr Périer, où il n'avait mis en jeu son autorité qu'avec une réserve infinie, on y remarquait cependant quelques singularités qui donnèrent lieu à des pourparlers durant le cours de la visite pastorale. Ainsi, par exemple, on y lisait d'un côté, *qu'il n'y aurait dans chaque église qu'une seule chapelle de la sainte Vierge,* et dans la cathédrale d'Apt, on en trouvait trois, toutes également chères aux Aptésiens, parce qu'elles existaient de temps immémorial sous le bon plaisir de leurs évêques. Ainsi de l'autre, on y lisait le consi-

dérant qui va suivre, avec le conseil qu'il avait pour but de motiver : « Quelque grands et vénérables que soient les objets, une
» triste expérience prouve que les hommes ont ordinairement
» moins de respect pour ceux qu'ils ont souvent sous les yeux
» que pour ceux qu'on leur présente plus rarement. Il est donc
» très à propos de ne pas multiplier les expositions et les béné-
» dictions du saint Sacrement, conformément à l'ordonnance du
» révérendissime *de Marinis,* archevêque d'Avignon, du 24 mars
» 1656. »

Puis, dans un autre paragraphe on trouvait la disposition que
voici :

« Nous approuvons, dit le Prélat, l'usage des églises de notre
» diocèse où l'on ne donne la bénédiction du saint Sacrement
» qu'une seule fois chaque mois. »

Ce n'était pas comme on voit, un ordre formel, ni une
jussion impérative qu'on s'empresse d'exécuter, pour ne pas se
voir taxé de désobéissance ou convaincu de mauvais vouloir.
Néanmoins, quoique la pensée de l'Évêque ne se produisit que
sous la forme bénigne d'un conseil, le sacrifice qu'elle semblait
exiger de certaines pratiques consacrées par le temps, ne laissait
pas que de contrarier les esprits dans une ville où l'usage avait
prévalu de donner la bénédiction, non tous les dimanches, mais
au moins trois fois le mois. Il est clair que dans la visite pastorale
on mettrait sur le tapis la double question des chapelles de la
Vierge et des bénédictions du saint Sacrement pour tâcher de la
faire résoudre dans un sens favorable au vœu de la majorité. La
seule chose embarassante dans la circonstance actuelle, était de
savoir à qui incombait le devoir, la cure étant vacante, d'introduire cette question devant le Prélat et de la plaider avec le plus
de chance de succès. Après quelques moments d'hésitation, les

membres du conseil de fabrique, hommes honorables s'il en fut jamais, se chargèrent de cette mission délicate et eurent l'avantage de la conduire à bonne fin. Forts de l'appui du clergé et de la sympathie des paroissiens, ils présentèrent à Mgr Périer une humble requête tendante à obtenir de *Sa Grandeur* qu'elle daignât laisser aux louables coutumes existantes dans l'église d'Apt, la liberté de suivre leurs cours comme par le passé, pour la pompe des cérémonies et l'édification des fidèles. Ce Prélat dont l'intelligence était au niveau de son noble cœur, comprenant que tout est relatif dans le monde et que rien n'est meilleur pour la solution des affaires épineuses que la voie des tempéraments, se prêta de bonne grâce à ce qu'on exigeait de lui. En effet, après avoir entendu les raisons de *Messieurs de la Fabrique*, il se sentit si fort touché du ton de persuasion avec lequel elles lui furent exposées, qu'il promit de fermer les yeux sur les deux infractions faites à ses règlements et de laisser à cet égard, l'église d'Apt en possession de ses priviléges.

De ces considérations que je viens de faire sur le mode de conduite adopté par Mgr Périer pour le gouvernement de son diocèse, je m'acheminerais de plain-pied vers la deuxième partie de cette étude, si je n'étais retenu un instant, un seul instant, par le désir de signaler à mes compatriotes les éminents curés de leur arrondissement, et de jeter quelques fleurs sur leurs tombes. Ces curés, on le sait et l'opinion publique ne me démentira point, étaient, pour Apt, M. Beauchamp, décédé deux mois avant la visite pastorale; pour Pertuis, M. Bernard, membre de la Congrégation de l'Oratoire; pour Cucuron, M. Cousin, député du clergé à l'Assemblée constituante; pour Bonnieux, M. Collet, ancien chanoine de Notre-Dame-des-Doms auquel sa cure servit d'échelon pour arriver de nouveau à la dignité dont la révolution

l'avait dépouillé. On demeure étonné que dans des limites de temps et d'espace aussi étroites que celles où vécurent ces hommes distingués, ils aient pu former une si belle constellation au bord oriental de notre diocèse, surtout après les larges trouées que le règne de la terreur avait faites dans les rangs du clergé. C'est à Mgr Périer que l'on doit de les avoir discernés au milieu des débris de l'ancien régime et de les avoir tirés de l'obscurité du boisseau, pour les placer sur le chandelier de l'Église de Dieu. Honneur à lui, pour avoir fait usage de sa prérogative au profit d'hommes si dignes de l'estime publique! Honneur aux magistrats et aux anciens grands-vicaires qui les avaient signalés à la bienveillance du Prélat! Je ne me séparerai pas de ces noms vénérés auprès desquels plusieurs de mes condiciples ont abrité leur jeunesse et par suite leur vocation, sans acquitter en leur nom la dette de la reconnaissance, et afin de mieux accomplir ma tâche, j'emprunte les paroles d'un orateur Aptésien (1) : « Oui, ombres chéries dont
» le souvenir nous sera toujours précieux, vous nous avez appris
» par votre exemple dans le saint ministère que nous exerçons,
» ce que peuvent pour le salut des âmes confiées à nos soins, les
» dons de l'esprit joints à ceux de la vertu la plus pure; mais tous
» vos pareils ne peuvent s'élever à cette hauteur où la grâce vous
» avait placés; car, vous parliez, avec quelque proportion sans
» doute, vous parliez de la religion comme Bossuet et vous nous
» la faisiez aimer comme Fénélon ; soyez encore nos inspira-
» teurs. L'honnêteté de vos principes, la douceur de vos mœurs,
» la pureté de vos intentions et le prestige de votre parole, ont
» fait de vous autant de types auxquels se sont conformés ceux
» qui, en recueillant votre héritage, ont désiré comme vous les

(1) M. l'abbé Barbery, ancien professeur d'humanités au collège d'Apt.

» avantages du succès. Puissiez-vous du haut du Céleste séjour
» où vous régnez dans la société des saints, sourire à nos entre-
» prises, surtout si elles ont pour but la gloire de Dieu et le
» triomphe de son Église! » Après cet hommage rendu du fond
de l'âme à ces vénérables défunts, je me sens maintenant plus dé-
gagé pour aborder la description de la visite pastorale que mes
lecteurs attendent avec un juste empressement. C'est un motif
pour moi d'y apporter tous les soins dont je suis capable et de la
leur rendre au moins telle que me l'ont faite mes souvenirs per-
sonnels et les notes officieuses de mes amis.

II.

Quelques jours avant l'arrivée de Mgr Périer, la ville offrait déjà un aspect tout particulier. Sur les places, dans toutes les rues, dans chaque maison, se faisait remarquer une animation extraordinaire et tout annonçait l'approche d'un évènement considérable. On eut dit que la cité tout entière n'avait qu'une pensée, qu'une affaire unique, la visite pastorale. C'est qu'en effet, cette visite n'est pas une mesure simplement imaginée par l'Église pour ménager aux populations d'un département l'exhibition des pompes pontificales, mais elle est le fruit d'une haute pensée conçue dans l'intérêt de leur moralisation, source du progrès spirituel qui est à la religion ce que le progrès matériel est aux sociétés humaines. De même que tout pouvoir politique doit s'efforcer de mettre les institutions en rapport avec le développement de l'esprit public, de même aussi le pouvoir religieux ne doit rien négliger pour élever les pratiques de la piété au niveau de l'esprit qui les inspire ; ainsi la visite pastorale qui s'effectue chaque année dans quelque portion d'un diocèse, n'a d'autre but que d'obtenir ce résultat.

Qu'est-ce en effet que cette visite, au point de vue du droit canonique ? C'est celle, comme personne ne l'ignore, que fait l'évêque dans les églises de son diocèse, non-seulement pour administrer le sacrement de confirmation dont il est seul ministre ordinaire, mais encore pour aviser aux besoins du culte public et supprimer les abus qui tendent à en obscurcir l'éclat. Néanmoins cette fin n'est pas la seule à laquelle l'Église ait visé, en imposant aux Prélats l'obligation de visiter souvent les paroisses et les établissements soumis à leur juridiction. L'objet principal qu'ils doivent se proposer, selon le véritable esprit des lois canoniques, est d'établir une doctrine saine et orthodoxe, en bannissant les hérésies et les opinions dangereuses qui peuvent y conduire, de maintenir les bonnes mœurs soit dans le peuple soit dans le clergé, de les animer l'un et l'autre au service de Dieu, à la paix et à l'innocence de la vie par des remontrances et des exhortations pressantes, d'ordonner toutes autres choses que la prudence de l'Évêque jugera utiles et nécessaires pour l'avancement des fidèles, selon que le temps le lieu et l'occasion pourront le permettre, et enfin de faire connaissance avec leur clergé pour conférer ensemble sur les besoins du diocèse et exciter tous ceux qui en font partie, à la gloire de Dieu et au salut des âmes.

Ces devoirs sont importants, et un Prélat qui sait les comprendre, ne tarde pas à en poursuivre l'exécution. C'est ce que fit Mgr Périer, libre qu'il était alors de toute autre préoccupation que celle qui naît du devoir quotidien. Dès le moment qu'il eut organisé son diocèse et qu'il le vit fonctionner sous ses yeux avec la régularité convenable, il songea naturellement à en parcourir toutes les localités et à les faire jouir de la visite pastorale que les populations attendaient avec une légitime impatience. Déjà le département du Gard avait été gratifié de cette faveur : mais il restait à l'appliquer à celui de Vaucluse qui jouissait alors comme aujourd'hui de la belle prérogative de posséder l'Évêché. Quand l'heure fut venue de le rendre témoin à son tour des pompes pontificales et de lui faire partager les honneurs qui y sont attachés, le Prélat fit savoir par une simple circulaire, que vu son âge qui dépassait la limite où les forces humaines tendent à décroître, il lui serait matériellement impossible de se transporter dans toutes les paroisses, mais qu'en se bornant à celles qui sont chefs-lieux de canton, il y séjournerait assez de temps pour donner la confirmation à tous ceux que les curés du ressort lui amèneraient. C'est dans cette condition qu'il visita les arrondissements d'Orange, d'Avignon et de Carpentras, dont le parcours présente moins de difficulté, à raison des vastes plaines qui forment leur territoire. Celui d'Apt, comme le plus éloigné de la ville épiscopale, ne vint qu'après les autres : mais, il ne perdit rien sous le rapport des fruits spirituels, pour avoir fermé la série des pérégrinations apostoliques de son vénérable Prélat.

En conformité de son itinéraire, Mgr Périer venant de Bonnieux arriva dans Apt la veille de la Toussaint, et alla descendre, ainsi que le conseil de fabrique l'avait réglé, dans une belle maison sise à la place Saint-Martin, dans la maison de M. Duvignot, frère du général de ce nom et président de ce même conseil composé de nos premières notabilités. On ne crut pas devoir faire en cette occasion aucune cérémonie extérieure, pour ne pas éveiller les susceptibilités du parti hostile à la religion qui comptait encore quelques-uns de ses membres dans les diverses administrations civiles. Néanmoins la maîtresse-cloche de la cathédrale jetta de nombreuses volées pour saluer l'hôte auguste qui s'acheminait vers nos murs et propagea partout l'heureuse nouvelle de son arrivée. Quand ils le surent installé dans ses appartements, le clergé en soutane de son côté et les corps constitués en habit de ville de l'autre, furent admis à lui offrir leurs hommages et ceux

d'une cité en qui vivait encore le respect des vieilles traditions.
Le Prélat sut trouver pour chacun d'eux des paroles si aimables,
il se montra si expansif à leur égard, que tous en le quittant
après l'audience, enchantés de ses manières gracieuses, demeurèrent longtemps sous le prestige d'un esprit hors ligne, dont
les idées jaillissent avec le même éclat que projettent sur les
objets matériels les rayons qui s'échappent d'un centre lumineux.
Cette réception on ne peut plus simple, mit cependant en
émoi toute la population et amena devant la résidence épiscopale, une foule compacte de curieux dont les flots envahirent
littéralement la place Saint-Martin avec les rues qui l'avoisinent. Gardons-nous de le croire, la curiosité n'était pas
l'unique mobile qui poussait cette foule, encore que la plupart
de ceux qui la composaient, n'eussent jamais vu d'Évêque et
surtout d'Évêque investi du caractère officiel de chef du diocèse.
Mais parmi les causes de ce rassemblement et de la vive animation qui éclatait dans son sein, il faut faire une large part
à la foi qui n'abandonna jamais la population Aptésienne,
même dans les plus mauvais jours de la révolution. Et puis
le bonheur de se voir bientôt confirmer, et de recevoir un
Sacrement auguste, qui n'avait pas été conféré depuis au
moins un quart de siècle, ajoutait à la joie qui rayonnait sur
tous les visages. Car, dans la circonstance actuelle, il n'était
pas question, comme dans les temps ordinaires, d'amener à
l'imposition des mains et à l'onction du saint chrême un
nombre plus ou mois considérable de jeunes garçons et de
jeunes filles : mais il sagissait d'y conduire aussi des hommes
faits et des femmes mariées dont le chiffre réuni au précé-
dent formait presque le tiers des habitants de la cité.

Voulant reproduire dans cette étude tous les incidents qui

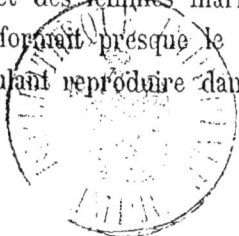

2

se rattachent de loin ou de près à la visite pastorale, je reviens sur mes pas pour m'attacher à un fait dont la mention ne déplaira pas à mes lecteurs. L'ordre chronologique l'aurait appelé plus tôt, mais l'ordre logique qui est le meilleur le place ici : d'autant que localisé en un autre endroit, il aurait fait confusion avec des détails qui, pour être goûtés, ont besoin de se produire seuls afin d'absorber sur eux toute l'attention. Quand le bruit se répandit que Mgr Périer devait faire son entrée en ville à deux heures de l'après-midi, le collège qu'on appelait alors l'école secondaire, sous la conduite de ses professeurs, qui tous étaient prêtres, alla à sa rencontre un peu au-delà du pont de Lançon, pont jeté sur un petit torrent dont les eaux vont se mêler avec celles du *Caulon*. Là, après quelques moments d'attente, une voiture est signalée au tournant de la route, à la distance d'une portée de fusil. C'était celle de l'Évêque dont les élèves étaient avides de contempler les traits et surtout d'observer le costume. A la vue de cette voiture qui s'avance vers eux au petit pas, nos collégiens alignés en double file sur les accotements du chemin la saluent par les cris cent fois répétés de vive Mgr, dont les échos d'alentour se chargent de porter au loin le retentissement. Le Prélat ne voulut pas être en reste avec ces aimables jeunes gens. Jaloux de répondre à leurs joyeuses acclamations, il choisit l'instant où il va s'engager dans l'étroit défilé formé par ces haies humaines pour étendre la main et distribuer de çà et de là des bénédictions accompagnées de paroles gracieuses pour les maîtres et les disciples. — Si l'on compare cette touchante manifestation avec la réception froidement calculée que Mgr Périer reçut dans la ville, on comprendra sous quelle terrible pression le respect humain en matière politique est capable de retenir les hommes même les mieux intentionnés. Les enfants et les jeunes hommes, non encore atteints de ce mal contagieux, ne se laissent pas égarer comme leurs pères dans de fallacieuses combinaisons, ni dans les faux calculs d'une prudence mondaine. Heureux de se livrer aux impressions de leur belle âme pourvue encore de sa sincérité native, ils se laissent aller à ses élans avec un abandon admirable qui nous fait souvent regretter cet âge où il nous était permis de suivre en liberté le mouvement de notre cœur.

Loin de moi, la pensée de faire rejaillir, à l'aide de ce contraste, le moindre blâme sur le clergé de l'époque : car, si la réception que l'on fit à M\ Périer, dépouillée qu'elle était de toute pompe extérieure, ressemble si peu à celles qu'on décerne de nos jours à si juste titre aux Prélats de nos diocèses, on doit l'attribuer non au clergé qui ne pouvait alors mieux faire, mais à la fabrique dont les bonnes intentions ne la sauvèrent pas du danger de sacrifier un peu trop à la peur, pour ne pas se voir taxée de faire du zèle et encourir la censure du parti irréligieux. C'est elle en effet, et elle seule, qui organisa cette réception et en arrêta en quelque sorte le programme : chose qui nous paraît étrange aujourd'hui que les attributions *des corps constitués*, de quelque nature qu'ils soient, se trouvent clairement définies : mais chose qui ne surprenait personne alors, parce qu'on était dans un moment de confusion, où les *compagnies* de récente création tendent d'instinct à élargir leur sphère d'activité.

Puisque nous voilà sur l'article de notre clergé, on me permettra d'en dire un mot succinct, d'autant que je l'ai déjà fait pour celui de l'arrondissement. Quoique ce clergé fut composé d'hommes fort remarquables sous le rapport des talents et même de la naissance, le plus remarquable de tous y manquait à l'époque de la visite pastorale et brillait par son absence, ainsi que l'a dit un grand historien d'un célèbre romain : *præfulgebat eò quod non visebatur*. Cet absent était M. Beauchamp, que la mort venait d'enlever à l'amour de ses paroissiens, après deux années de misères et de souffrances causées par l'affaiblissement de ses facultés intellectuelles. La science et la sagesse de ce digne curé, l'estime dont il jouissait parmi les ecclésiastiques de l'ancien diocèse d'Apt, l'avaient rendu l'un des régulateurs de l'opinion religieuse dans les circonstances difficiles où l'on était placé. A la même époque, notre clergé possédait deux hommes (1) d'un mérite reconnu, qui, échappés au naufrage de l'Église de France et forts de l'expérience qu'ils avaient acquise dans le conseil de nos Évêques, fournissaient par leurs lumières, une ressource précieuse aux jeunes prêtres de la ville et de la banlieue. Juste appréciateur de leurs vertus Mgr Périer les avait nommés, l'un doyen d'Apt et l'autre sous-doyen, avec des attributions équivalentes à celles de grand-vicaire. Investis ainsi de la confiance de leur Évêque, ils formèrent avec M. Beauchamp, comme un centre lumineux pour le clergé de la contrée qui trouva toujours auprès d'eux l'accueil le plus amical.

Mais indépendamment de ces trois dignitaires, dont deux étaient déjà passés par une sainte mort à une vie meilleure, le clergé d'Apt embrassait dans son sein, des hommes savants et laborieux, des hommes habiles à manier la parole, surtout parmi ceux qui étaient chargés de la desservance de la paroisse

(1) MM. Vial et Berthe-Olier.

et des églises qui en dépendent. A l'égard de ceux qui, à raison de leur naissance, avaient occupé de très-hautes positions dans l'ancien régime, le nombre n'en était pas exigu, et de nos jours il suffirait d'un d'entre eux pour illustrer une ville et même un diocèse. Ne craignons pas de citer quelques noms et notre assertion n'en recevra que plus d'autorité. C'étaient M. l'abbé de Montguers, prévot de Couserans. — M. l'abbé de Saint-Chamas, grand-vicaire d'Alais. — M. l'abbé d'Hortigues, dignitaire de l'ordre de Citeaux. — M. l'abbé Monier de la Carrère, membre distingué de l'Oratoire. — M. l'abbé d'Astier, ancien grand-vicaire d'Ajaccio et MM. de Sigoyer et de Gignac, chanoines-comtes de Marseille. Avec de telles sommités, il était permis aux Aptésiens d'être fiers de leur clergé et de le présenter avec confiance à un Prélat, dont les lumières pénétrantes discernaient le mérite et la distinction, lors même qu'ils s'abritaient sous le couvert d'une excessive modestie.

Enfin le grand jour de la Toussaint est arrivé, jour que l'Église célèbre avec une solennité si touchante et où Mgr Périer doit faire son entrée dans l'ancienne cathédrale de nos Évêques. Par un bienfait de la Providence qu'elle accorde assez rarement dans cette contrée, le ciel constamment pur laissa jouir la terre d'une magnifique journée, en sorte que citadins et étrangers purent arriver à l'église sans difficulté et sans avoir subi la moindre injure d'une saison qui est de toutes la plus capricieuse. L'église était parée non avec la splendeur qui éclatait autrefois dans son enceinte à l'époque des pompes pontificales : mais elle était décorée avec une simplicité élégante qui est peut-être encore la meilleure parure qui convienne à la maison de Dieu. Quoique les éléments d'une ornementation recherchée manquassent sous la main des décorateurs, on s'appercevait sans peine que la fabrique de l'église s'était appliquée à laisser de son goût et de son attrait pour les fêtes publiques, l'idée la plus favorable, et de la visite pastorale le souvenir le plus heureux, aux nombreux étrangers que la solennité ne devait pas manquer d'attirer dans nos murs.

Un peu avant la grand'messe, qui se célébrait alors à dix heures selon l'usage capitulaire, le clergé en habit de chœur se rendit à la maison où le Prélat était descendu, pour le prendre et le conduire à l'église. Comme la question des préséances n'avait pas été encore réglée par le gouvernement et que les pratiques de l'ancien régime n'avaient plus de caractère obligatoire, le Sous-Préfet et tous les autres membres de la magistrature civile n'intervinrent pas à cette cérémonie. Mais à l'exemple de la fabrique, qui embrassait l'élite de nos notabilités, un grand nombre de citoyens distingués s'empressèrent de venir faire cortège au vénérable chef du diocèse. Quand on eut fait cercle autour de lui dans le grand salon de compagnie, le Prélat revêtu de ses ornements et assisté de M. Tabariés aîné son grand-vicaire, s'avance vers M. Berthe-Olier qui faisait les fonctions de célébrant, pour lui donner une poignée de main affectueuse en signe d'amitié et de confiance. Après quelques moments d'entretien, Mgr Périer, élevant la voix, lui dit en montrant sa belle crosse de vermeil, qui sert encore aujourd'hui à nos archevêques : « Voilà le cadeau que le Ier Consul a daigné me faire, » n'est-ce pas qu'il est beau, Monsieur le Doyen ? » Sur quoi, M. Berthe-Olier répondit incontinent : « Monseigneur, il est digne » de Votre Grandeur et du grand homme qui en a eu la pensée : » cette crosse sera très-remarquée ici, car celle de nos Évêques, » quoique fort belle d'ailleurs, n'était qu'en argent : elles diffè- » rent entr'elles dans la même mesure que votre diocèse se

» distinguerait du leur, s'il existait encore. — Pensez-vous,
» reprend l'Évêque, que cette différence de symbole implique
» dans l'esprit des Aptésiens une différence d'autorité entre
» moi et leurs Prélats ? — Je ne le pense pas, Monseigneur,
» parce qu'ils sont trop instruits pour se méprendre ainsi sur
» les principes : mais dans tous les cas, s'ils tombaient en pa-
» reille méprise, ils trouveraient moyen d'en sortir, en pensant
» que nos Prélats étaient comme vous premiers suffragants
» de la métropole d'Aix, d'autant que l'identité de titre emporte
» celle d'autorité. »

Maintenant, j'emprunte à la note d'un de mes amis les petits
détails que voici, quoiqu'ils n'intéressent que la localité. « Après
s'être formée sur la place Saint-Martin, la procession prend son
mouvement et longe les rues des Carmes, des Récollets et du
Chapitre.— Au Costel, elle fait une inflexion pour suivre la rue
médiane, qui conduit à la cathédrale, passe sous l'arceau go-
thique de la Tour de la Grande Horloge et arrive ainsi à
l'entrée principale de l'église, ornée d'un grand tapis de pied
fourni par une maison nobiliaire du pays. Les insignes épisco-
paux, que tout le monde se plaisait à remarquer, étaient
portés par deux jeunes abbés qui sont maintenant curés dans
le diocèse. M. l'abbé Rose portait la crosse et M. l'abbé Mau-
rizot la mitre. Le dais était porté par MM. Duvignot, président de la fabrique, Jacquet receveur des domaines, d'Eyroux
de Pontevès ancien officier de marine et Tourtier ancien
garde-du-corps de Louis XVI. Dès que l'Évêque eut abordé
la porte de la grande nef et qu'il en eut franchi le seuil, le
doyen en chappe ayant trempé le goupillon dans le bénitier,
le présenta à Sa Grandeur afin qu'elle prit elle-même de l'eau
bénite et en donnât ensuite au clergé et aux assistants : même

cérémonie pour l'encens bénit par l'Évêque et mis dans l'encensoir : après un triple encensement accompli, selon l'ordre cérémoniel, le doyen lui adresse le discours suivant : »

« Monseigneur,

» Le clergé d'Apt, dont j'ai l'honneur d'être aujourd'hui l'interprète, s'empresse d'offrir l'hommage de son respect et de son dévouement à l'auguste Prélat qui vient visiter notre ville et la consoler de sa viduité : car Votre Grandeur n'ignore pas qu'elle était, il n'y a pas bien longtemps encore, le siège d'un Évêque, siège illustré dans les temps anciens par les Auspice et les Castor, et dans les temps modernes par les Villeneuve, les Foresta, les Vaccon et les Lamerlière.

» Vous arrivez donc, Monseigneur, sur une terre fécondée par le sang des Martyrs, chargée des monuments de la bienfaisance épiscopale, encore mouillée des larmes sincères qu'une perte récente (la mort de M. Beauchamp), dont vous partagez avec nous l'amertume, a fait répandre à la douleur publique reconnaissante de plus de trente années de travaux et de services apostoliques.

» Laissez-nous donc, Monseigneur, pendant quelques instants, donner cours à nos regrets sur la perte de notre excellent curé et sur celle non moins poignante de la dignité séculaire de cette vieille basilique, si radieuse autrefois de la gloire de ses Prélats et si modeste aujourd'hui dans la position que lui ont faite des évènements en dehors de toutes les prévisions humaines.

» Soyez certain, Monseigneur, que ces regrets, dont nos cœurs sont pénétrés, ne porteront aucun préjudice aux sentiments unanimes qui vous attendent dans une ville dont toutes

les traditions sont favorables au grand principe d'autorité, soit
dans l'état, soit dans l'Église. Rien n'y fera obstacle à votre
zèle, parce qu'il n'y a qu'une volonté dans le clergé, celle de
seconder vos pieux efforts et de vous suivre comme modèle.
Ce clergé formé des débris de l'ancien régime et déjà fami-
liarisé avec les allures du nouveau, s'honorera toujours de
donner l'exemple de la plus inaltérable fidélité aux saintes
règles et de la plus constante soumission aux pouvoirs établis
de Dieu dans le double domaine du temps et de l'éternité;
il sera heureux, Monseigneur, de concourir à l'accomplisse-
ment du premier vœu de votre cœur, la gloire de la religion et de la France. »

Un joli discours inspire toujours d'heureuses pensées à celui
qui est chargé d'y répondre : c'est ce qui arriva, quand Mgr
Périer, reprenant toutes les idées de la harangue qu'il venait
d'entendre, les tourna à son point de vue avec une verve
et une facilité d'élocution dont tout le monde admira le prestige.
Ayant touché fort légèrement à la question du successeur de
M. Beauchamp, sur laquelle il ne pouvait émettre que de vagues
généralités, il se rabattit sur la suppression de l'antique évêché
d'Apt. Là, sur un terrain où il lui était permis d'exprimer
sa pensée en toute liberté, il prodigua de magnifiques éloges
aux Prélats qui l'avaient occupé, disant que leurs noms étaient
connus de par le monde et que la renommée qu'ils avaient
acquise était pour lui un motif de respecter les pratiques et
les usages émanés de leur initiative ; que quant à la suppression de leur siège, qu'il déplorait avec tous les cœurs chrétiens
de cette noble cité, il fallait l'envisager comme une mesure
commandée par les exigences d'une politique inflexible dont
l'Église elle-même avait reconnu la nécessité. — Après cette

réplique, dont mes souvenirs n'ont conservé que les traits
principaux, Mgr Périer marcha vers le sanctuaire à travers
les flots d'une foule immense et alla se mettre à genoux à
son prie-Dieu, près des marches de l'autel. Pendant sa prière
le chœur chanta l'antienne des Confesseurs-Pontifes : *Elegit
ipsum Dominus ab omni vivente :* antienne selon le rit Pari-
sien, parce qu'alors il était seul en usage dans l'église d'Apt.

Comme on n'avait pas fait de trône proprement dit au Prélat,
on l'installa au chœur dans la place qu'occupaient à main droite
en entrant les Évêques, et qui est encore décorée aujourd'hui
des aigles symboliques que l'on retrouve dans le beau blason
de Mgr de Foresta. Le public, il faut le dire, parut étonné
de ce que l'honneur du trône ne fut pas accordé à Mgr Périer,
en cours de visite, et venant pour la première fois dans la
ville. Mais un dignitaire du clergé à qui on faisait part de
cet étonnement, aurait répondu, si ma mémoire ne me trompe
pas, que cet honneur n'est dû que lorsque les Prélats officient
pontificalement. Je ne me rends pas garant du mérite de cette
décision, ni ne cherche pas non plus à examiner si elle est
fondée en droit ou si des précédents assez nombreux ne sont
pas de nature à l'infirmer. Seulement je la consigne ici pour
montrer à mes lecteurs que je suis jaloux de rester fidèle à
mon programme, en reproduisant dans cette étude tous les
traits qui caractérisèrent la visite pastorale.

Inaugurée solennellement un jour de fête de première classe,
cette belle cérémonie n'eut cependant pas l'avantage d'être com-
pletée par une messe pontificale désirée de tous les assistants.
A l'âge où était Mgr Périer, il ne jugea pas à propos de la
célébrer pour éviter des longueurs que ses forces auraient eu
peut-être de la peine à supporter. Toutefois pour mieux l'en-

gager à faire, dans l'intérêt du peuple d'Apt, cette exhibition
des pompes religieuses, on avait parlé de mettre à sa disposition des ornements d'évêque qui se trouvaient dans la ville.
La maison de Rustrel avait effectivement conservé la chapelle
de Mgr l'évêque de Couserans et M. Gaufridy notaire tenait
en dépôt celle de notre dernier évêque, Mgr de Cély, que
ce Prélat revenu d'Italie n'avait point encore réclamée. Mais
on cessa d'insister, quand malgré cette offre, le Prélat témoigna
que cela le contrariait. Ainsi, la grand'messe fut célébrée avec
beaucoup de pompe par M. le Doyen, qui monta à l'autel,
escorté d'un grand nombre de prêtres officiants. A l'évangile,
le grand-vicaire de Mgr Périer, étant monté en chaire, déclara
de sa part que la visite pastorale était ouverte : mais qu'à
raison de la fête et de la longueur des offices qu'elle requiert,
la confirmation était renvoyée au lendemain : que les deux
premiers jours de la visite seraient consacrés aux confirmants
de la ville et les autres jours à ceux de la campagne. En
effet, de tous les villages voisins, on vit arriver chaque jour
de fort belles processions, bannières déployées, qui chantaient
des cantiques analogues à la circonstance. Tout le monde se
portait en foule aux avenues de la Madeleine et de la Bou-
querie, par où elles devaient entrer dans la ville et s'acheminer vers la cathédrale. Décrire l'une de ces processions. c'est
les faire connaître toutes à la fois : car elles se ressemblaient
par leur disposition et surtout par les symboles religieux qui
en distinguaient les groupes : je renvoye cette description à
l'article suivant où seront consignés les détails qui n'ont pu
entrer dans les deux autres. Après la messe l'Évêque fut re-
conduit à sa maison, sauf le dais néanmoins, dans le même
ordre qu'auparavant.

III.

La visite pastorale est à proprement parler, la grande fête
des paroisses. Quand elle arrive, habitants, étrangers, hommes,
femmes, enfants, chacun court de çà et de là, visitant les
églises, décorées avec autant de soin que de goût, comptant
les arcs de triomphe et comparant les ornements des diverses
chapelles, des divers autels. Faut-il s'étonner qu'elle donne
lieu à des incidents remarquables, surtout lorsqu'elle survient
comme celle de Mgr Périer, après une révolution inouie qui
avait fermé les églises et en avait dispersé les ministres?

N'est-ce pas en effet un beau jour pour un population, que
de se voir visitée par le premier pasteur du diocèse, appa-
raissant comme le Sauveur du monde pour consoler et répandre partout des grâces et des bénédictions? Les écrivains qui,
s'inspirant de l'esprit de notre lithurgie, ont écrit sur les
fêtes et les cérémonies chrétiennes, n'ont pas assez fait selon
moi, ressortir le caractère touchant de la visite pastorale, afin
de la rendre encore plus intéressante aux yeux des paroisses
et la leur faire désirer davantage. Quel tableau plus digne de
nos regards que celui d'un Prélat venant visiter ses chères
ouailles et se délasser pour ainsi dire en famille des rudes
fatigues de l'épiscopat! Quel vaste champ ouvert aux inspi-
rations du génie! Quelle gloire, s'il réussissait à bien montrer

ce qu'a de moral et de poétique, cette douce arrivée qu'accompagnent tant de fruits spirituels ! C'est ici qu'il y aurait un appel à faire à la science des pasteurs pour une œuvre aussi éminemment utile : car, il est bon de faire aimer aux hommes ce qui dans les agitations de la vie, les calme profondément. Le corps n'a de repos que lorsque l'âme a de la paix. Or, le monde n'a pas de paix à nous donner. Ses eaux troublées, pour parler le langage de l'Écriture, ne peuvent étancher la soif incessante qui tourmente la société entière : pour le désaltérer, il faut lui amener les ondes pures de Siloë, les eaux vives de l'Évangile que les Évêques seuls distribuent avec la sage mesure que commandent les circonstances des temps, des lieux et des personnes. Je ne viens pas cependant essayer de combler la lacune dont je me plains : non, telle n'est pas mon intention dans un cadre aussi étroit que celui de l'étude que j'offre en ce moment à mes religieux concitoyens. Mais je vise à un but plus modeste, celui de réunir en faisceau les particularités remarquables de la visite pastorale de Mgr Périer, visite qui les intéresse d'autant plus qu'elle se rapporte à une époque chère à nos cœurs, celle du rétablissement du culte catholique en France.

Nulle apparition d'Évêque en tournée pastorale dont on ait gardé le souvenir, n'égale pour ces particularités celle qui fait l'objet de cette étude. Les circonstances la favorisèrent d'une manière si merveilleuse, que l'on se crut un instant transporté aux beaux jours de l'église d'Apt, où prêtres et fidèles se trouvaient si souvent sous le charme des pompes pontificales. D'un autre côté, pendant tout le temps que le Prélat resta l'hôte des Aptésiens, le ciel se montrant clément envers eux, leur prodigua des jours splendides, pareils à ceux de la fin du mois

d'octobre, qui ouvrent, comme on sait, l'été de la St Martin.
Aussi, Mgr Périer put-il faire toutes ses visites, soit aux prêtres
soit aux magistrats sans encombre, et effectuer chaque jour,
dans la compagnie de quelques pieux laïques ou de quelques
membres distingués du clergé, sa promenade de Viton qu'il
affectionnait particulièrement, parce qu'on y est à l'abri de
cette bise capricieuse dont les violentes rafales désolent les
plaines du Comtat et celles qui avoisinent les rives du Rhône.
— J'ai dit plus haut que la visite pastorale avait duré huit
jours pendant lesquels le Prélat s'était occupé des affaires qui
intéressaient la paroisse de la ville et celles du canton. J'avais
énoncé ce chiffre d'après de simples souvenirs qui doivent toujours céder en face de l'autorité des documents officiels. En effet,
ayant retrouvé dans mes collections les deux Mandements (1)
que Mgr Périer écrivit et fit publier à Apt, à l'occasion de
prières publiques pour le succès de nos armes et du chant d'un
Te Deum pour une bataille gagnée par l'Empereur sur les armées
de la coalition, l'inspection seule des dates m'a convaincu que
mon assertion était inexacte, et que pour être dans le vrai,
il fallait ajouter deux jours de plus à ceux que j'avais plus
haut articulés : car, l'un de ces documents porte la date du

(1) De jeunes abbés écrivirent sous la dictée de Monseigneur, ses
deux Mandements : une copie servit à M. l'abbé Julien vicaire pour
en donner lecture au peuple, et l'autre fut envoyée à Avignon, pour
l'impression. Pendant sa dictée, il disait aux mêmes abbés : « en ce
» moment ma cathédrale est à Apt : elle me suit partout, comme le
» Pape où qu'il aille, est toujours suivi de Rome : *ubi Papa, ibi*
» *Roma.* » — On avait aussi proposé à Mgr Périer de faire imprimer
à Apt ses Mandements : mais il répondit qu'ayant affaire avec les frères
Garrigan d'Avignon, il ne pouvait se dispenser de leur confier ce travail, vu que d'ailleurs, ils étaient seuls en possession des vignettes,
grandes ou petites, que l'on place en vedette sur les imprimés épis-
copaux.

1er novembre et l'autre celle du 9 du même mois, avec ces
mots sacramentels : *d'Apt, où nous sommes en visite* qui précé-
daient le quantième du mois et le millésime. Et, d'autant
qu'ils furent publiés, l'un le jour de la Toussaint et l'autre
le dimanche après l'Octave de cette fête, en présence même
du Prélat, il s'ensuit qu'en tenant compte du jour de son
arrivée, il est resté dix jours ni plus ni moins dans notre
ville, comme je l'ai plus haut insinué. A l'égard de la présence de Msr Périer à cette publication, elle est positive,
puisque c'est en vue de lui, qu'on chargea du soin de la faire
celui de nos vicaires dont la voix sonore atteignait les coins
les plus reculés de la basilique. Ainsi le Prélat, outre le
plaisir de dater d'une résidence jadis épiscopale deux actes de
haute administration, eut encore celui de les entendre pro-
clamer du haut d'une chaire illustrée par ses prédécesseurs.

Mais ce qui ne contribua pas peu à rendre cette visite pom-
peuse, c'est qu'elle eut l'avantage de rencontrer trois jours fériés :
d'abord deux dimanches consécutifs et un jour antérieur de
fête légale, je veux dire le jour de la Toussaint, que l'Église
célèbre avec une solennité si touchante. M. Tabariés grand-
vicaire du Prélat, prêchait chaque jour de confirmation, tant
sur la dignité de ce Sacrement que sur les grands devoirs du
christianisme qu'il était fort urgent de rappeler, surtout après
une révolution durant laquelle la religion avait été contrainte
de suspendre ses consolantes cérémonies. Quant à Msr Périer,
il ne devait monter en chaire que le dernier dimanche de la
visite pastorale : ce jour lui avait paru opportun pour remercier
ses hôtes du bienveillant accueil qu'il avait trouvé au milieu
de leur ville et pour distribuer ses *bouquets* aux diverses classes
qui en forment la population. Comme toute curiosité est d'autant

plus vive que le sujet en est meilleur et qu'elle s'irrite du moindre délai, celle des Aptésiens resta dans ces termes, tant que leur espérance ne se tourna pas en la possession de son objet. Cependant ils ne perdirent rien pour attendre et purent se convaincre bientôt que le mets le plus succulent leur avait été réservé pour la bonne bouche : mais cet incident nous reviendra plus tard, parce que j'ai dessein de l'offrir à mes lecteurs avec un peu d'étendue.

Ainsi donc, des particularités remarquables signalèrent la visite pastorale que ce Prélat vint faire dans la ville d'Apt : et il n'est personne qui ne comprenne que c'est à cette cause que nous devons d'en avoir conservé un long et pieux souvenir. Si cette visite n'avait duré qu'un jour ou deux, il est à craindre qu'elle n'eut laissé que de très-vagues impressions bientôt effacées par le laps du temps. Mais dix jours de visite, voilà ce qui, en sauvant la nôtre de l'oubli, a de quoi étonner aussi nos jeunes contemporains habitués qu'ils sont aujourd'hui, à ne jouir de la présence de leur Prélat que pendant une très-courte durée qui ne dépasse jamais l'intervalle de trois jours. Cependant leur étonnement cessera, quand ils sauront que la cure étant vacante, il fallait au Prélat un certain temps pour s'assurer des besoins de la paroisse et bien savoir quel degré d'aptitude était nécessaire pour la gouverner dignement : et puis, ne fallait-il pas ce temps pour appliquer les formes d'un Sacrement à tous les individus dont étaient composées ces multitudes de la ville et de la campagne, qui chaque jour et chaque matin, se présentaient réclamant le bénéfice de l'imposition des mains ?

On sait, qu'à la pointe du jour, les paroisses du canton expédiaient dans un ordre parfait, une ou deux processions

dont tous les membres devaient participer à la confirmation.
Les moments les plus curieux de ces processions, étaient ceux
du départ et de l'arrivée. Au chant du coq et à la première
volée de la cloche dont le son argentin répété par l'écho de
la vallée a retenti jusqu'à la plus humble chaumière, toute
une population d'agriculteurs est debout et s'achemine vers la
maison de Dieu, le vieillard courbé sur son bâton noueux, le
jeune homme en désinvolture, la jeune fille en habits blancs,
les jeunes mères portant les petits enfants dans leurs bras : car
à cette époque, toutes les classes devaient fournir leur contingent à la confirmation. Au signal donné tout le monde se met
en marche, se place en ordre et prend le chemin de *la ville*,
que beaucoup d'entre les plus jeunes ne connaissaient encore
que de nom. La croix précède, les étendards sacrés flottent,
les chants pieux se confondent avec le son de la cloche séculaire. Le pasteur ferme la marche, lisant son Bréviaire, suivi
le plus souvent de la municipalité villageoise, jalouse de donner
l'exemple en cette occasion solennelle et de faire sa cour au
Prélat du diocèse. C'était le moment du départ, voici celui
de l'arrivée.

Après une heure et plus de chemin, la procession par-
courant sous un berceau d'arbres presque aussi vieux que
le sol, une fertile vallée arrosée de quelques petits torrents,
aborde la belle avenue de la Madeleine, avenue chérie des
amateurs de promenade, d'où se dessinent les édifices de la
cité Julienne de la manière la plus pittoresque. Qu'on se figure
cette longue file de laboureurs, hommes, filles et enfants, marchant sur cette avenue entre deux rangées d'ormeaux qui la
bordent de chaque côté, alors que la campagne n'est pas encore
privée de toute sa parure, que les vents retiennent leurs halei-

nes, que les oiseaux du ciel gazouillent leur hymne au Créateur
et mêlent leurs chants mélodieux aux divins cantiques et que
le silence de la nature n'est interrompu que par les supplica-
tions à Marie, les invocations du Saint Esprit : et qu'on me
dise si ce charmant spectacle, où les mœurs simples du village
s'harmonisent si bien avec les pompes de la religion, n'était
pas de nature à mettre la cité en émotion et à entraîner vers
lui ses religieux habitants. Arrivée sur l'esplanade du petit
cours, la procession s'y arrête quelques instants pour mieux
former ses rangs et donner à chacun le temps de soigner sa
toilette. Mais déjà les cloches de la cathédrale sonnent de joyeux
carillons, comme pour saluer son apparition : aussitôt, au premier bruit du concert aérien, citadins et étrangers quittent
tout afin d'aller au-devant de ces nouveaux venus et fêter
leur arrivée : ce sont les confirmés de la ville qui viennent
accueillir les confirmants du lendemain et les conduire en triomphe à la cathédrale, où ils doivent à leur tour recevoir
les dons de Dieu : mais laissons ces petits détails, toujours
chers à des cœurs chrétiens, et occupons-nous exclusivement
de notre Prélat, en reproduisant ici les traits qu'il fit éclater
au milieu de nous pendant son séjour dans notre ville.

Durant les intervalles de loisir que lui laissaient la confirmation et les cérémonies religieuses, il voulut prendre connaissance des usages qui existaient au sein de l'église d'Apt, et
de l'esprit qui en avait dirigé les fidèles. C'est pourquoi il
demanda à parcourir les divers règlements que les Évêques
avaient formulés touchant le service divin et l'administration
des Sacrements. Jaloux de satisfaire à sa demande, on lui
remet le recueil des mandements et des statuts synodaux de
Mgr de Foresta, qu'il garde auprès de lui pour en faire une

lecture approfondie. Il les trouva si beaux et composés avec
tant de sagesse, qu'il en parla publiquement en termes élogieux
et faisant allusion aux questions qui lui avaient été posées et
qu'il croyait ne pouvoir résoudre dans le sens que le désiraient
ceux de qui elles émanaient : « Vous voyez, Messieurs, leur
» dit-il, que Mgr de Foresta pensait comme moi, et que ses
» idées et les miennes se touchent par tous les côtés. » —
Ne soyons pas étonnés que Mgr Périer dont le tact était si
sûr, en fait d'appréciation d'œuvre littéraire et scientique, ait
été charmé de la lecture de ce recueil. Car, pour peu qu'on
prenne la peine de le parcourir avec une certaine attention,
on y trouvera les qualités les plus capables de le relever dans
l'estime des hommes intelligents. Ces qualités sont : des traits
justes quoique hardis, une imagination vive et brillante soutenue de figures pleines de feu, et animées par des images qui
semblent multiplier les idées, avec une connaissance profonde
du cœur humain, une application ingénieuse de l'Écriture,
enfin un ton de christianisme et de persuasion que respire
chacune de ces belles pastorales.

Des mérites si divers n'échappèrent pas à la sagacité de
Mgr Périer, qui sut les découvrir et en faire l'objet de ses
éloges. Désireux d'avoir une notion plus étendue des écrits
du Prélat Aptésien, il se fit remettre quelques-uns de ses mandements qui contiennent son ardente polémique avec les dissi-
dents de cette époque. Mais, il ne manqua pas de faire remarquer, après les avoir lus, combien ils étaient inférieurs aux
autres, et sous le rapport du style et sous le rapport de
l'onction. Ce jugement est en effet celui qu'en ont porté toutes
les personnes qui, étrangères à cette polémique, se sont plus
occupées de la forme de ces écrits officiels que de leur valeur

intrinsèques. « Si de son recueil de mandements sur l'admi-
» nistration cléricale, dit un écrivain, vous passez à ses écrits
» de controverse, à peine croirez-vous que ces ouvrages soient
» sortis de la même plume : dans votre étonnement, vous vous
» demanderez comment un si grand Prélat est sorti de cette
» voie de modération, par laquelle il avait si bien débuté dans
» l'épiscopat : il y a plus, vous chercherez M. de Foresta dans
» M. de Foresta lui-même et vous ne le trouverez pas : bien
» au contraire, vous rencontrerez un homme à qui l'on peut
» reprocher tout ce qu'il reprochait à juste titre aux jansénistes
» ses adversaires. »

Ainsi, Mgr Périer, comme on voit, partageait son temps
même dans les visites pastorales, entre l'étude et les cérémonies religieuses auxquelles il était obligé d'intervenir. Lorsqu'on
eut à Apt l'avantage de le posséder, il s'occupait déjà d'un
travail fort sérieux sur les Conciles, pour en tirer des morceaux
choisis, destinés à remplir les cadres de l'office de *Prime* dans le
bréviaire de Paris. Son but qui était très-louable, devait avoir
pour effet le remplacement des canons empruntés aux Conciles
tenus dans la province de cette grande métropole, par d'autres
empruntés aux Conciles tenus dans l'ancienne province d'Avignon et dans celle d'Aix en Provence. De cette manière le
Concile d'Apt, célébré au xivme siècle et décoré du titre de
National, devait être représenté dans ce beau recueil et y figurer
aux mêmes conditions que ceux des autres villes de Vaucluse
et du Gard mentionnés par les chroniques de l'Église.

Mais attendu que ce même Concile manque dans les grandes
collections et surtout dans celle éditée à l'imprimerie royale par
ordre de Louis XIV, Mgr Périer, qui le connaissait de réputation, en fit rechercher dans la ville un exemplaire soit ma-

nuscrit soit imprimé, afin que quelque extrait des décisions
de cette célèbre assemblée put prendre place dans son travail
et servir à l'édification de son clergé. Quoique le Concile d'Apt
existe depuis longtemps dans le recueil intitulé *Clergé de France*,
que M. l'abbé du Tems avait publié comme un abrégé du *Gallia
christiana !* quoique ce livre fit partie de la bibliothèque de
MM. les abbés Tourtier neveux du savant M. de Seignoret,
cependant nul ecclésiastique d'Apt ne put satisfaire le Prélat
touchant le désir qu'il avait témoigné, et cela parce qu'on
ignorait complètement l'une et l'autre de ces particularités
bibliographiques. Cet incident pourrait nous étonner aujour-
d'hui que la science des livres court de par le monde et que les
études historiques sont partout en honneur : mais il ne sur-
prendra pas ceux qui savent qu'à l'époque dont il s'agit, ces
mêmes études n'avaient aucune vogue, surtout dans notre
ville où les besoins du commerce et de l'industrie avaient courbé
tous les esprits vers les intérêts matériels. Ainsi, de cela seul
que personne ne put lui offrir un exemplaire du Concile d'Apt,
Mgr Périer ne s'en préoccupa plus et c'était fâcheux : car il visait
à introduire dans les cadres de *Prime*, comme je l'ai dit plus
haut, des extraits où aurait brillé pour nous la couleur locale
par le rappel fréquent de cette assemblée dont le renom n'est
devenu ce qu'il doit être, que depuis que l'on a redonné de
l'importance aux choses du passé.

Sans aucun doute, un Évêque doit se mettre en possession
de la science qui est le plus bel apanage de l'esprit humain ;
mais il ne faut pas que les vertus morales et religieuses lui
fassent défaut et la laissent isolée, d'autant qu'en marchant
de conserve avec elle, celles-ci lui ouvrent la porte des cœurs
et la disposent à se servir de ses armes invincibles pour subju-

guer les volontés rebelles. Je ne viens pas en ce moment faire
l'exhibition des vertus que Mgr Périer fit éclater dans sa tournée
pastorale, résolu qu'il était de ne jamais contrevenir sciemment
aux conditions de l'épiscopat. Mais je viens seulement produire
ici quelques faits que mes souvenirs ont retenus de la conduite
vraiment louable de ce Prélat, et qui lui attirèrent la sympathie
de toutes les populations. Ainsi, Mgr Périer, avant de quitter
une localité, donnait toujours aux curés pour les pauvres de
leur paroisse : ainsi encore, pour ne pas leur être à charge,
il ne mangeait chez eux, qu'autant qu'il se trouvait comme
forcé par l'éloignement ou par les affaires qui le retenaient
plus longtemps qu'il n'avait compté. C'est pourquoi il s'assurait dans chaque canton, d'une maison où rien ne contrariat
sa liberté, afin d'y donner audience à ceux qui désiraient le
voir ou lui parler en particulier. Là, il invitait à sa table,
les curés et les fabriciens, et après le dîner il les prenait à
part pour causer avec eux de l'état de leur paroisse. C'est
ainsi qu'il était parvenu à connaître son diocèse dans le plus
grand détail. Lorsqu'il instituait un curé de ville ou de campagne, il le mettait au fait du véritable état du troupeau qui
allait être soumis à sa garde : il lui apprenait ce qu'un prêtre
pouvait attendre des uns et craindre des autres : si bien,
que ces curés ainsi renseignés voyaient avec une sorte d'admiration se vérifier sous leurs yeux, tout ce que Mgr Périer leur
avait dit.

Pendant son séjour à Apt, pénétré de l'importance de la
cure qui s'est toujours maintenue dans son intégralité sans
subir aucun démembrement, le Prélat s'entretint souvent et
fort longtemps avec le doyen et les fabriciens sur les besoins
de cette grande paroisse, et sur la nécessité d'y appeler un

homme capable de continuer M. Beauchamp. Dans ces colloques
d'où peu de chose transpirait au-dehors, on mit beaucoup de
noms en avant sur lesquel Mgr Périer s'étudia à ne pas laisser
pénétrer sa pensée. Deux de ces noms, avec le privilège de la
priorité, circulèrent de par le monde, avant, pendant et après
la visite postorale : c'étaient ceux de M. Collet, curé de Bonnieux
et de M. Bernard, curé de Pertuis. Ces ecclésiastiques, d'un
mérite reconnu, auraient parfaitement réussi à Apt, vu que
le premier ancien chanoine d'Avignon, était doué d'un talent
remarquable, et l'autre non moins bien doté du côté de l'esprit,
l'était encore plus du côté de la fortune, à l'aide de laquelle
on peut faire autour de soi un bien immense. Mais l'influence
occulte des bureaux du Ministère des Cultes, influence alors
très-puissante, ayant fait avorter cette combinaison, on vit
surgir un nouvel élu auquel on ne s'attendait pas, et qu'on
accepta cependant plus tard comme une bonne fortune, à
raison des excellentes qualités qu'il fit éclater au sein d'un
talent qui ne dépassait pas le niveau d'une capacité ordinaire.

Après les affaires sérieuses auxquelles un Prélat doit d'abord
s'appliquer, viennent ensuite les visites de courtoisie qu'il ne
doit pas négliger, sous peine de voir diminuer son ascendant
sur les populations commises à ses hautes sollicitudes. Mais
ces visites quelques importantes qu'elles soient à un certain
point de vue, ne laissent pas que de céder devant d'autres
plus nécessaires encore, celles des hospices et des établissements
publics de charité. Après avoir visité ces lieux consacrés aux
pauvres et aux malades, Mgr Périer n'eut rien de plus pressé
que de se rendre au collége, qui était alors à l'apogée de sa
prospérité, soit pour l'étendue de l'enseignement, soit pour
le grand nombre des jeunes gens qui en fréquentaient les

cours. Là, il fut reçu de la manière la plus distinguée par le corps des professeurs, ayant à sa tête M. l'abbé Solliers, devenu plus tard supérieur du grand séminaire d'Avignon et vicaire-général de Mgr de Mons, archevêque de cette ville. Introduit dans la salle d'étude, décorée avec goût pour la circonstance, deux élèves de rhétorique le complimentèrent, l'un en latin et l'autre en français (1). Au premier, Mgr Périer, fit dans la même langue une réponse dont tout le monde admira l'à-propos et l'élégance : il remercia le second en français et le fit avec une modestie et une verve qui tinrent tous les assistants attachés à ses lèvres d'où s'écoulaient de si douces et onctueuses paroles; après avoir répondu à leurs compliments, il voulut les soumettre aux épreuves d'un court examen dans les mathématiques qu'il avait étudiées à fond en qualité d'ancien supérieur du collége militaire d'Effiat en Auvergne : et pour cela, les ayant invités à se placer au tableau, il leur fit démontrer quelques-unes de ces propositions d'algèbre et de géométrie qui forment en quelque sorte le point culminant des cours scientifiques qu'on suit dans les maisons d'instruction secondaire. En leur proposant plusieurs nouvelles questions, il jeta sur elles des apperçus si lumineux, que ces élèves n'eurent pas de peine à les résoudre et qu'ils demeurèrent convaincus non moins que leurs maîtres de la facilité avec laquelle le Prélat savait aborder les mystères de ces hautes sciences, si peu familières au commun des hommes. Ici, l'ombre de Mgr Périer m'absoudra sans peine, si je m'écarte un instant de mon sujet, pour acquitter la dette de l'amitié et rappeler les

(1) Ces élèves étaient M. Frédéric Rousset, ancien sous-préfet d'Apt, chevalier de la Légion-d'Honneur, et l'auteur de cette notice.

titres de M. Solliers à la reconnaissance des Aptésiens. Ayant monté son établissement sur le pied d'un collége de plein exercice, ce docte ecclésiastique lui donna tant de renommée que les inspecteurs généraux de l'instruction publique, chargés par le premier Consul de faire leur tournée dans les colléges du midi de la France, déclarèrent publiquement dans l'une des séances des exercices littéraires des élèves, où ils daignèrent assister : *que le collége d'Apt était en son genre ce qu'il y avait de mieux à trente lieues à la ronde.* Éloge d'autant plus flatteur pour les maîtres et les disciples qu'il était le fruit de la conviction que ces deux savants (1) avaient acquise par un examen religieux de toutes les branches des connaissances qui y étaient enseignées : éloge qui fut recueilli par le premier magistrat de l'arrondissement et notifié aussitôt à ses administrés.

---

(1) Ces savants appartenant l'un et l'autre à l'Institut, étaient M. Lefèvre-Gineau, célèbre mathématicien et M. Villars, ancien évêque de Laval, sous le régime de la constitution civile du clergé.—On assurait au collége que ce Prélat savait son *Virgile* par cœur. Dans le nombre des élèves de mathématique par eux examinés qui répondirent brillamment, M. Fouque de Manosque, frère aîné de M. l'abbé Fouque chanoine de Digne, et M. Gillet de Saint-Martin-de-Castillon, méritent une mention honorable.

IV.

J'avais déjà dit que Mgr Périer devait faire son discours d'adieu, le dernier dimanche de la visite pastorale : et effectivement il monta en chaire ce jour là, *intrà missarum solennia*, au milieu d'un concours immense de spectateurs. On se rappelle aussi, que j'avais promis de reprendre ce fait et de le produire ici avec un peu d'étendue : me voici disposé à tenir ma promesse, d'autant que l'allocution du Prélat fut très-goûtée parce qu'elle était fort remarquable.

La chaire était ornée d'un magnifique tapis de velours cramoisi bordé de crépines d'or. Comme Mgr Périer était dans l'habitude de lire ses discours et non de les dire de mémoire, on y avait adapté un petit pupitre fait avec des baguettes de bois, pupitre mobile à l'instar de celui d'un piano ou d'un harmonium. Là, assis sur le siège de ses nobles prédécesseurs et bonnet carré en tête, il déploya son cahier et le lut presque sans y toucher, sinon pour tourner la page, ni sans se trop courber, en sorte qu'il avait plutôt l'air d'un homme qui improvise que d'un autre qui fait une lecture.

Après avoir remercié en très-bons termes les Aptésiens de leurs démonstrations à son égard, il les félicite d'abord d'avoir conservé les bons principes et les saintes traditions de leurs pères, qui sont la sauvegarde de l'esprit religieux et forment la base des vertus sociales : il en attribue le mérite à leurs

vénérables Prélats qui introduisirent un si bon régime dans
ce charmant diocèse, qu'il en devint un diocèse-modèle, objet
de l'émulation de tous ses voisins. Puis, surviennent des considérations sur les grandes vérités du christianisme et sur la
nécessité de reprendre les pratiques anciennes que le malheur
des temps avait interrompues. Dans un discours d'aussi courte
haleine, ces choses étaient plutôt indiquées que développées : mais
elles arrivaient d'une manière si ingénieuse, qu'elles captivèrent
l'attention des auditeurs, attention jamais refusée, quand ils se
sentent sous le charme d'une parole grave et convaincue. —
Enfin, arrive le tour des souhaits et des bénédictions qu'il adressa
à la population d'Apt, dont il parcourut toutes les classes, depuis
le prêtre et le magistrat jusqu'à l'artisan et au travailleur qui
arrose de ses sueurs le sol qu'il est obligé de cultiver. Chaque
fois qu'il disait : *je vous bénis*, il était touchant de le voir se
lever pour étendre ses mains vénérables sur l'assistance, et de le
voir ensuite se rasseoir pour développer son souhait et sa bénédiction. Nulle classe ne fut oubliée dans ce pieux dénombre-
ment et son cœur parut vivement ému, quand il en fut à ces
familles vertueuses qui, pour avoir occupé un haut rang dans
la société, avaient pendant la révolution souffert pour la justice
et fourni même des victimes à l'échafaud. Mais il ne négligea
pas non plus de faire une large part dans ses vœux aux prêtres
courageux et aux pieux laïques qui, dans ces temps calamiteux,
firent éclater l'héroïsme de la charité. « Oui, je vous bénis;
» dit-il, en grossissant la voix, vous serviteurs de Dieu, qui
» après avoir ouvert l'écho de vos cœurs, aux cris des oppri-
» més, êtes accourus auprès d'eux pour les arroser des flots
» de vos consolations. — Ames sensibles, dont l'industrieuse
» charité a arraché tant d'innocents au supplice, essuyé tant de

» larmes, adouci tant de blessures, administré tant de secours.
» Ministres de J.-C. qui avez bravé tous les dangers pour com-
» muniquer le pain de vie aux infortunés dévoués à la mort
» et à une mort ignominieuse. »

Mais ce qui me semble le plus touchant, sont les bénédictions
que le Prélat adressa aux enfants, en se plaisant à les diver-
sifier selon leur âge et leur condition : les voici formulées
d'après mes notes et celles de mes amis.

« Je vous bénis jeunes enfants qui sucez encore le sein de
de vos mères : puissiez-vous, comme l'Enfant de Marie, croître
en âge et en sagesse ! »

« Je vous bénis, jeunes filles : puissiez-vous conserver le
noble germe des vertus domestiques qui doivent fleurir un jour
pour l'ornement de vos familles ! »

« Je vous bénis, enfants qui mesurez déjà à petits pas les
premiers sentiers de la vie : en vous voyant bondir de joie
autour de vos mères, vous personnifiez à mes yeux ces Saints
Innocents qui, dans le ciel, jouent avec des palmes et des cou-
ronnes sur les marches du trône de l'Éternel ! »

« Je vous bénis, enfants du riche : destinés par la fortune
de vos pères à occuper les premières places de la société, ah !
puissiez-vous aussi atteindre les sommités de la vertu qui seule
conduit au ciel ! vous êtes chéris du Roi des rois : car, celui
qui possède la pureté du cœur, le plus beau et le plus précieux
ornement, peut se flatter d'avoir le Roi du ciel pour ami ! »

« Je vous bénis, enfants du pauvre : soyez satisfaits de la
position que vous a faite la Providence, puisque les derniers
d'ici bas deviendront les premiers dans la maison de Dieu : vous
êtes chéris des Apôtres, car pauvres ils se sont mis à la suite
du divin Maître pauvre comme eux ! »

« Je vous bénis, enfants qui allez passer dans la classe des adolescents : puissiez-vous franchir ce pas sous les plus heureux auspices et réaliser plus tard à l'école de la foi, toutes nos espérances! vous êtes chéris des anges : car, ils empruntent vos formes juvéniles en visitant les mortels! »

« Je vous bénis, jeunes filles du même âge : puisse la sagesse enchaîner vos cœurs à la vertu et vous orner le front de pudiques charmes, charmes voilés par la modestie qui est la parure du sexe pieux au printemps de la vie! vous êtes chéries de la Sainte Vierge : car vous suivez l'étendard de la virginité qu'elle a arboré la première : et de plus, vous cultivez cette précieuse fleur dont elle a enrichi le parterre de l'Église! »

« Je vous bénis enfin, pères et mères, qui êtes venus présenter vos enfants au Très-Haut, dans cette pompe religieuse : puissiez-vous garder un profond souvenir de vos devoirs et conserver à jamais les fruits de cette touchante cérémonie! croyez qu'en accomplissant les vues de la Providence sur vos enfants, vous vous ouvrirez une carrière de bonheur et de gloire : croyez qu'après avoir traversé des jours purs et sereins, vous recueillirez dans le ciel une ample moisson de louanges : car lorsque vos enfants y seront introduits, escortés de ces vertus que vous aurez su leur inspirer, tous les citoyens de la céleste patrie, s'écrieront en les voyant : voilà la digne postérité d'Israël : voilà les enfants de pères bénis de Dieu : voilà cette race sainte, cette tribu chérie que le Seigneur a marquée de son sceau et sur laquelle il a épanché la rosée de ses bénédictions : *omnes qui viderint eos, cognoscent illos, quia isti sunt semen cui benedixit Dominus* (1). » Ces douces et onctueuses paroles de Mgr Périer,

---

(1) Isaïe 61.

en mettant fin à son discours, formèrent aussi la clôture de la visite pastorale dont les impressions subsistent encore intactes chez ceux qui eurent le bonheur d'en être témoins.

Arrivé au terme de cette étude, qu'il me soit permis, avant de quitter la plume, d'en résumer l'esprit dans quelques paroles. — J'avais cru, en commençant n'avoir à narrer qu'un simple épisode de notre histoire et voilà que presque sans m'en douter, j'ai été amené à peindre une de ses époques, époque de transition qui signale pour notre Église le moment de la mise en activité du nouveau régime auquel les chrétiens fervents, encore pleins des souvenirs de l'ancien, eurent tant de peine à se plier. Ce moment solennel occupait une trop belle place dans le cours des destinées de cette église, pour qu'un écrivain Aptésien ne songeât pas à fixer sur lui l'attention de ses concitoyens. Heureux d'en avoir eu la pensée, je remercie le ciel de son inspiration, avec d'autant plus de plaisir, qu'elle m'a fourni l'occasion d'acquitter une dette de cœur envers l'homme éminent qui, dans ce diocèse, dirigeait l'application des formes nouvelles du concordat et tempérait la marche du mouvement qu'elles entraînèrent à leur suite.

Lorsqu'un personnage qui a marqué dans le monde, cesse d'exister, une voix s'élève de la foule pour prononcer son oraison funèbre : cette voix vient de s'élever aujourd'hui, non pour faire une oraison funèbre, mais une véritable apologie : et celui qu'elle cherche à justifier plus par les faits que par les raisonnements, est un Prélat, que l'esprit de parti, malgré sa paix avec le Saint Siège et sa belle conduite au Concile de 1811, avait méconnu au point de faire de lui un portrait de fantaisie où tous ses traits étaient complètement dénaturés. Il fallait donc qu'une main amie s'appliquât à présenter sa physionomie, sous un point de vue favorable, puisque ses ennemis avaient pris à tâche de l'offrir sous un faux jour. C'est ce que je viens de faire avec toute la mesure qu'exigent de ma part les convenances de mon état, pour une entreprise qui à la première vue n'était pas sans difficulté. Si auprès des personnes impartiales j'ai réussi, en disant le bien que Mgr Périer avait fait parmi nous à l'époque de sa mémorable visite pastorale, si, dis-je, j'ai réussi à rendre précieuse sa mémoire : plus que personne j'ai droit d'en être satisfait : car ce Prélat m'honorait de son amitié, et c'est à lui que je dois l'honneur d'appartenir à la hiérarchie cléricale.

Mais indépendamment de cette pensée réparatrice, j'avais toujours cru que le sujet de cette étude, ou pour mieux dire l'époque de transition qu'elle a pour but de mettre en relief, valait la peine d'être traitée : d'autant que personne n'avait encore tenté de l'aborder.

Je ne l'ai abordée moi-même qu'à un point de vue fort restreint et seulement dans l'intérêt d'une église dont mes concitoyens chérissent les gloires passées. Mais ce que j'ai fait pour un seul coin du diocèse, une plume habile le fera peut-être pour tout le diocèse. Oui, j'en nourris l'espoir, cette plume poussera plus loin les investigations auxquelles je me suis livré et les disposera dans un cadre plus étendu que le mien. C'est le vœu le plus ardent de mon cœur. S'il m'était permis de le voir se réaliser, malgré mon âge, qui me rapproche de l'extrême limite de l'existence humaine, j'applaudirais de toutes les forces qui me restent, l'écrivain de bonne volonté qui aurait entrepris cette tâche. Heureux d'avoir pu le guider dans sa marche et l'acheminer vers le but, je me croirais assez payé de ma peine, encore que mon nom ne reçut les reflets d'aucun rayon d'estime.

ÉLOGE

DE

MONSIEUR DE FORESTA-COLONGUE

ANCIEN ÉVÊQUE D'APT.

AVANT PROPOS.

Jusqu'ici l'éloge de Mgr de Foresta, ancien évêque d'Apt, prononcé au sein de l'Académie de Marseille par son secrétaire perpétuel, Chalamon de la Visclède, avait échappé à nos incessantes recherches. Mais enfin, grâce à l'obligeance de M. de Crozet savant bibliophile de la même ville qui nous honore de son amitié, ce précieux document a été retrouvé non sans peine (car les plus belles trouvailles ne se font qu'à cette condition) dans les collections de cette docte compagnie dont le Prélat était membre. Selon la teneur de la lettre que M. de Crozet a daigné nous écrire, pour nous donner avis de sa découverte, l'éloge en question occupe les pages 76-92 du recueil de l'Académie, année 1737. Nous le livrons en ce moment au public qui comme nous en goûtera la lecture ou qui du moins y trouvera un mérite incontestable, celui de compléter la série des pièces que les historiens de notre ville ont accumulées sur le compte de sa grande notabilité épiscopale.

Il faut convenir que nous ne connaissions de Mgr de Foresta, que la partie la moins intéressante de sa vie. Tout ce que les écrivains nous ont transmis à son sujet, n'a trait pour ainsi dire, qu'à l'ardente polémique qu'il soutint à l'encontre du jansénisme dont son zèle avait su toujours préserver le diocèse d'Apt. Quoique ce point de vue ne doive pas être négligé dans la biographie de ce Prélat, il est impossible de se dissimuler, qu'en s'y tenant exclusivement attaché, on s'expose à n'offrir à ses lecteurs, qu'une œuvre de médiocre intérêt. Quel attrait en effet peuvent avoir pour eux, des détails roulant sur des questions théologiques dont la subtilité dépasse le niveau des hommes même les plus instruits qui ne se sont pas livrés à l'étude de ce genre de matières ?

Ici au contraire, M. de la Visclède se place sur un terrain d'intérêt général et son langage est de nature à se faire comprendre de tout le monde. Avec un style facile et élégant, il nous initie dans la vie intime de son héros, fait valoir ses heureuses qualités, met en relief ses plus belles vertus et trace de son épiscopat un tableau ravissant dont la beauté fait bondir de joie, toute âme sensible, à la vue du *bon* et de l'*excellent*, lorsqu'ils se réalisent dans les actes d'un homme destiné à servir de modèle à ses semblables : car, l'âme s'émeut à ce spectacle avec autant d'enthousiasme que lorsqu'elle voit *le beau* cette splendeur du *vrai* se produire dans l'œuvre d'un grand artiste.

Nous espérons donc qu'on nous saura gré de l'heureuse pensée que nous avons eue de faire suivre notre étude historique sur la première visite pastorale accomplie à Apt après la révolution, de l'éloge adressé à Mgr de Foresta par l'un de ses pairs dans l'art de bien dire et de bien penser.—Reproduit dans un moment où il a pour nous le prestige de la nouveauté, cet éloge ne contribuera pas peu à nous rendre chère la mémoire de cet Évêque que nous sommes fiers de compter parmi nos

Prélats. Loin de craindre qu'il soit accueilli avec froideur, nous croyons au contraire qu'il suscitera un mouvement d'estime et d'admiration pour celui qui en est l'objet chez tous les hommes intelligents de la ville qui l'a vu naître et mourir, comme de celle qui l'a vu à l'œuvre pendant le long cours de son épiscopat. Aussi l'entreprise dont nous assumons la responsabilité, nous paraît-elle sans le moindre doute, à l'abri des mauvaises chances qui en paralysent un si grand nombre d'autres dont le début semblait promettre beaucoup pour l'avenir : car, il s'agit ici d'un nom populaire, d'un nom qui grandit de plus en plus à mesure qu'on s'éloigne d'avantage de la triste époque où un parti turbulent dans l'Église de Dieu, avait cherché à en obscurcir l'éclat. Dans de telles conditions peut-on appréhender même tant soit peu l'indifférence du public ?

L'ABBÉ ROSE.

ÉLOGE

DE MONSIEUR DE FORESTA-COLONGUE

ANCIEN ÉVÊQUE D'APT (1).

JOSEPH-IGNACE DE FORESTA-COLONGUE, ancien évêque d'Apt, et l'un des membres de cette Académie, naquit à Marseille le 14 mars 1654, de Scipion-Antoine de Foresta-Colongue, et de Louise de Moustier.

La famille de Foresta, originaire de Gênes, à l'occasion des divisions de cette république, s'étant transplantée à Diano, petite ville de l'état de Gênes, située sur la côte, y a été longtemps établie avec distinction. Sous le règne de Louis XII, Christophle de Foresta vint en France et devint maître d'hôtel d'Henri II alors Dauphin. Il laissa deux fils, François et Jean Augustin. Le premier fut maître d'hôtel de François II alors Dauphin, le second fut premier pré-

(1) A l'époque de M. de la Visclède, le titre de Monseigneur ne se donnait qu'en parlant à la personne même d'un Prélat. Mais quand on parlait de lui en conversation ou dans un discours écrit, le terme de Monsieur était seul employé. Pour conserver donc à cet éloge la physionomie de l'époque, il a fallu l'imprimer tel qu'il est écrit.

sident au parlement d'Aix. Du premier descend la maison
de Foresta-Colongue, de laquelle est sorti M. l'Évêque d'Apt.
Du second descendent la maison de M. le marquis de Foresta
de cette ville, et celle de même nom établie à Aix. Cette
famille conserve encore la nomination de la Prévôté et d'un
autre bénéfice considérable de l'église de Diano (1).

Joseph-Ignace de Foresta fit ses études d'humanités et
de philosophie au collége de l'oratoire de cette ville, et les
ayant achevées, partit pour Paris, où il passa un an à
apprendre les exercices convenables à un gentilhomme : ce
fut là qu'il cultiva, en fréquentant les meilleures compagnies,
cette politesse aimable qu'il avait reçue de la nature et que
nous dirions avoir fait le fond de son caractère, si sa piété
et son zèle pour l'Église n'avaient ensuite mérité ce nom
par préférence à toutes ses autres qualités.

En 1682, il revint à Marseille, et en qualité d'aîné de sa
famille, il fut très-répandu dans le monde, où il s'attira
l'estime et l'affection générale. Il n'est pas étonnant qu'il
y ait bien réussi ; il y porta la douceur, la complaisance,
l'urbanité jointe à cette espèce d'esprit qui fait le plaisir
des compagnies, et qui manquent souvent à ceux qui ont
de l'esprit. Elle était d'autant plus utile alors, que le jeu
beaucoup plus rare ne servait point de ressources à ceux
qui n'en avaient que de médiocres pour la conversation.

---

(1) Diano, bourg de la rivière de Gênes entre Alassio et Onéglia, à
une lieue à-peu-près tant de l'une que de l'autre. C'est un gros village
qui croit avoir un port où mouille de temps en temps quelque barque
de pêcheur. Si cette circonstance est de nature à favoriser son illusion,
nous ne sommes pas ici pour la détruire. Quant à la prévôté dont ce
pays jouit, c'est le titre de la cure, titre que portent indistinctement
les paroisses de canton dans la rivière de Gênes.

Son talent pour la poésie s'était manifesté dès sa première jeunesse. Ses contemporains se souviennent d'avoir vu de lui des vers d'un style aisé et léger. C'est par le soin extrême qu'il a pris de les supprimer, qu'il ne nous en est rien resté et c'est pour lui un vrai sujet d'éloge : c'étaient les amusements d'un homme du monde, innocent peut-être à tous les yeux, si l'on excepte ceux de l'auteur.

Au retour d'un second voyage qu'il fit à Paris en 1684, sa famille pensa à le marier ; mais cet état n'était pas celui où le ciel l'appelait. En vain semblait-il destiné par les droits de la naissance à être le chef de sa maison ; dans les moments les plus critiques d'une dangereuse maladie dont il fut attaqué en 1685, il connut le vide et les dangers du monde et promit à Dieu d'employer à son service dans l'état ecclésiastique le reste de sa vie, s'il voulait bien en prolonger le cours. Son vœu fut accepté et ne tarda pas d'être accompli. En 1686, M. de Foresta au grand regret de sa famille et au grand étonnement de tout Marseille embrassa l'état ecclésiastique et partit pour Toulouse, où après un an passé dans le séminaire des R. P. Jésuites, dans l'exercice de toutes les vertus ecclésiastiques, il fut fait prêtre. Il vint passer quelque temps à Marseille, d'où il fut à Lyon étudier en théologie sous les R. P. Jésuites.

Son cours de théologie achevé, il revint dans sa patrie, où il s'acquit bientôt cette réputation de piété et de zèle pour la religion, qu'il a si bien soutenue pendant tout le cours de sa vie.

Le Roi Louis XIV auprès de qui ce genre de mérite était une grande recommandation, se hâta de lui donner des marques de son estime, et en 1690, tous les bénéfices étant

en régale, le nomma chanoine de la cathédrale de cette
ville (1).

M. l'Évêque de Marseille, qui était alors M. du Luc,
aujourd'hui Archevêque de Paris, crut ne pas devoir laisser
son zèle oisif, et l'année suivante le nomma son vicaire-
général et lui donna toute sa confiance. Tout le diocèse ap-
plaudit à ce choix et en recueillit le fruit pendant la longue
absence de ce Prélat. Sa Majesté informée de la manière
dont il s'acquittait de ce pénible ministère, le nomma dans
la même année à la prévôté du Chapitre dont il était chanoine.

Marseille n'eut pas longtemps le plaisir de le conserver.
Dieu l'appelait à l'épiscopat dont il devait si bien remplir
les devoirs. En 1695, le Roi le nomma à l'évêché d'Apt.

Peu de temps après avoir fait son entrée dans sa ville
épiscopale, plein d'une estime héréditaire dans sa famille, pour
les R. P. Jésuites, il crut ne pouvoir rien faire de plus
utile à son diocèse que de les y appeler et de leur y fixer
une demeure. Après les avoir entretenus pendant quelques
années à ses dépens, il obtint un ordre du Roi pour réunir
les revenus de trois Prieurés et leur en former un établissement.

(1) Mgr Charles-Gaspard de Vintimile du Luc, nommé en 1684 à
l'évêché de Marseille, ne fut sacré que le 25 mars 1692. La raison de
ce délai doit se prendre des brouilleries qui existaient entre Louis XIV
et la cour de Rome, brouilleries qu'avait suscitées la fameuse déclara-
tion du clergé de France sur l'étendue et le rapport respectif des deux
puissances. Il est très-vrai alors de dire avec l'auteur de cet éloge,
qu'à l'époque où le roi gratifia M. de Foresta d'un canonicat au chapitre
de Marseille, tous les bénéfices de ce diocèce étaient tombés en *régale*,
parce que le siège était censé vacant.

En 1700, il fut député à l'assemblée du Clergé, et y
porta l'édification comme partout où il se trouvait.

Pendant 27 ans qu'il a rempli le siège d'Apt, il a fait
les délices de ses ouailles, sans devoir leur amour au relâ-
chement. Il savait en même temps cultiver leur salut et leur
amitié, deux objets peut-être les plus difficiles à allier.

Les pauvres qu'il portait dans son cœur ont toujours
emporté la meilleure portion du revenu de son Évêché. Il
était dans la précision du mot leur économe et leur admi-
nistrateur et eux les vrais possesseurs. Il y a paru à sa
mort, car on me permet de le dire, après quarante ans
d'épiscopat passés dans la frugalité et la modestie les plus
marquées, il est mort sans rien devoir et sans rien laisser.
Mais c'est ici un article qu'on eut pu se passer de relever.
Le cri public des pauvres est un témoignage qui rend su-
perflu tous les autres. Que serait-ce si l'on pouvait entendre
celui de ces pauvres à qui la honte ferme la bouche et dont
sa pieuse adresse savait soulager la misère, sans blesser une
délicatesse pardonnable à leur naissance? Espèce de pauvres
qui lui a toujours été très-chère, et qui était en effet bien
digne de l'être.

Son cœur a toujours brûlé du zèle le plus ardent pour
le salut de ses ouailles. On l'a vu au milieu de l'hiver,
dans un pays où il n'est point modéré, traverser les mon-
tagnes couvertes de neige pour visiter les villages de son
diocèse et en instruire les habitants. Ce n'était pas le
cours du soleil, c'étaient les besoins de son peuple qui
faisaient pour lui les saisons.

Comme il ne connaissait rien de difficile, il ne connaissait aussi rien de bas lorsqu'il s'agissait de leur salut.

Voici un fait qui ne saurait être plus marqué. Un paysan ayant été surpris faisant du bois dans une terre du domaine épiscopal, les gens de M. l'Évêque sans le maltraiter se contentèrent de lui ôter sa hâche. Cet homme aveugle dans son dépit, en conçut contre son pasteur, qui ignorait le fait, une haine si violente, qu'il refusa de faire ses Pâques, M. l'Évêque en est instruit, va chez lui, lui fait porter sa hâche, l'assure qu'il est fâché du chagrin qu'on lui a causé à son insçu, l'embrasse, lui demande son amitié, le gagne tout à la fois à Dieu et à lui.

La maladie contagieuse qui marqua l'année 1720 par la désolation de cette province, parvint comme on sait à la ville épiscopale : on le vit alors comme le St Archevêque de Milan, parcourir les rues, pour donner aux malades des secours spirituels et temporels, entendre leurs confessions, leur administrer de sa main le Viatique ; bien plus occupé de leur salut que du souffle meurtrier qu'il humait près d'eux. Exemple rare d'une fermeté saintement héroïque, mais moins frappant pour nous qui en avons un domestique admiré de toutes les nations, et qui le sera de tous les siècles (1).

M. l'Évêque d'Apt prêchait quelque fois, et avant que d'être nommé Évêque et après. Les personnes qui l'ont entendu assurent que c'était avec beaucoup d'onction, d'ordre et de facilité : on trouvait, à ce qu'on dit, dans ses sermons, cette espèce d'éloquence qui annonce un esprit convaincu et un cœur touché. Il serait à souhaiter qu'on n'en eut jamais connu d'autre dans la chaire.

---

(1) Pope, dans son essai sur l'homme, fait un éloge bien mérité de la fermeté de M. de Belzunce, pendant la peste qui affligea Marseille en 1720.

Il a fait pendant le cours de son épiscopat plusieurs mandements et plusieurs autres ouvrages sur divers sujets de piété, mais le plus grand nombre sur les affaires présentes de l'Église. Ils respirent tous le zèle ardent et à toute épreuve dont il brûlait. Ce sont encore plus les naïves effusions de son cœur, que les productions de son esprit. Comme ils roulent sur des matières théologiques, il ne m'appartient pas d'en faire l'analyse.

Mais avec quelque zèle que M. l'Évêque d'Apt conduisit son diocèse, il se regardait toujours comme un serviteur inutile. Son humilité aveugle sur ses autres vertus ne cessait de lui dire qu'un autre Évêque remplirait son siège beaucoup plus utilement pour son peuple que lui. Elle l'emporta enfin. En 1722, jouissant d'une pleine santé, dans un âge qui lui permettait encore l'exercice de plusieurs années d'épiscopat, au milieu de la surprise et des regrets de son diocèse, il se démit de son évêché entre les mains du Roi qui, à sa prière, y nomma M. Joseph de Vaccon son neveu (1) : il ne fallait pas moins pour accoutumer ses ouailles à sa perte, que le mérite d'un successeur, dont l'épiscopat n'est qu'une suite du sien par l'exercice des mêmes vertus; il passa encore trois ans auprès de ce digne héritier de son siège et de son zèle pour jouir du plaisir de se voir revivre en lui. Enfin l'année 1725 le rendit à sa patrie heureuse d'être témoin des dernières années qui ont couronné sa vie par l'exercice d'une piété consommée.

Il choisit sa retraite auprès de M. de Foresta-Colongue, son

(1) M. de Vaccon nommé évêque d'Apt après son oncle ne s'appelait pas Joseph, comme le dit M. de la Visclède, mais il avait le prénom de Jean-Baptiste.

frère et son successeur à la prévôté de la cathédrale de cette ville : quand le sang n'aurait pas fait ce choix, la conformité de vertus aurait suffi pour le faire.

Toutes les personnes qui ont eu quelque accès auprès de M. l'ancien Évêque d'Apt, ont admiré en sa personne l'heureux assemblage de la piété la plus solide, de la charité la plus ardente et des vertus civiles les plus aimables. C'est comme témoin oculaire, honoré de sa confiance, comblé chaque jour des marques de son affection, que je rends à sa mémoire ce témoignage qui m'est bien moins dicté par la reconnaissance que par l'équité.

Que personne n'ait poussé plus loin l'exactitude à la prière et à tous les autres actes de religion, c'est ce que ne peuvent ignorer toutes les personnes dont il était connu : quelque chose de plus a paru à ceux qui comme moi avaient l'honneur de l'approcher, c'est qu'il sentait pour ces pieux exercices tout ce que les plus fortes passions inspirent, si l'on en excepte le trouble et les remords.

Son revenu ayant diminué par la démission de son évêché, sa charité ne diminua point. Pour la satisfaire il se réduisit à un nécessaire si étroit qu'il étonnait même les personnes pieuses. Il n'avait jamais qu'un seul habit, et plus d'une fois il s'en est dépouillé pour en revêtir un prêtre indigent. On disait publiquement qu'il donnait tout ce qu'il avait, et dans l'exacte vérité il a mérité qu'on le dit. Toutes ses dévotions tournaient toujours au profit des pauvres. Voulait-il rendre un hommage marqué à la Vierge pour laquelle il eut toujours une piété tendre? Il croyait ne pouvoir mieux l'honorer qu'en la personne des pauvres dont elle est la mère : il habillait un pauvre toutes les veilles de ses fêtes.

Peu de personnes ont traité leurs corps plus durement que lui. Il y avait longtemps qu'il n'usait que des mets les plus communs et que l'eau était son unique breuvage.

Les besoins de sa santé avaient occasionné le commencement de ce régime, mais on sait que des motifs plus saints l'ont engagé à le continuer jusqu'à sa mort. Sa santé depuis longtemps rétablie ne pouvait plus être que le prétexte de cette persévérance. Elle était pourtant l'unique raison qu'il en donnait, et c'était en lui un nouveau mérite peut-être supérieur à celui de l'abstinence même, que d'en donner cette raison. La haire, le cilice et d'autres instruments de pénitence dont il usait depuis longtemps n'ont été remis en des mains fidèles que pendant sa dernière maladie. En les remettant il exigea un secret inviolable auquel on ne s'est cru obligé que pendant sa vie : il n'était pas juste que son humilité fut satisfaite aux dépens de la gloire qui revient à Dieu et des fruits que les hommes peuvent tirer d'un exemple si édifiant.

La gaieté la plus attrayante déguisait ces austérités. M. l'ancien Évêque d'Apt était fait pour rendre la vertu aimable et pour encourager à l'embrasser. Je n'ai garde de douter des vertus dont l'extérieur est sévère et rebutant ; mais celles qui l'ont gracieux me paraissent avoir pour elles un préjugé bien favorable. M. l'Évêque d'Apt, pour être pieux, n'en était pas moins sociable et n'en aimait pas moins la société. Après les plaisirs qu'il goûtait dans la pratique des œuvres de piété et qu'il mettait au-dessus de toute comparaison, la conversation était l'unique qu'il connût. La sienne était toujours édifiante, et, ce qui est rarement compatible, était toujours agréable.

Sa récréation la plus douce était d'aller visiter de temps en temps la Chartreuse. Sa vénération et sa tendresse pour ces pieux Solitaires étaient payées d'un parfait retour. Cette union est un éloge réciproque, également honorable au Prélat et aux Solitaires.

Pour ignorer son affabilité, sa politesse, il faudrait n'avoir jamais eu d'entretien avec lui. Ces qualités qui dans la plupart des hommes sont acquises et purement extérieures partaient en lui d'un fond d'amour et de respect pour les hommes. Ce n'étaient pas seulement ses paroles et ses manières qui étaient polies, c'était son cœur.

Ami vraiment digne de ce nom, il servait ses amis avec une chaleur qui tenait de la passion. Il faut être utile aux autres hommes pour augmenter, pour entretenir même leur amitié : on nourrissait, on redoublait la sienne en lui demandant des services.

S'il était zélé pour ses amis, il n'était pas moins bienfaisant envers ses ennemis : on sait qu'il a poussé la générosité chrétienne jusqu'à demander à la Cour des grâces pour eux : grand effort pour tout homme, effort beaucoup plus grand pour M. l'Évêque d'Apt qui n'en a jamais demandé pour lui-même !

Aussi humble que généreux, on l'a vu ne pas croire dégrader sa dignité en demandant pardon à ceux qu'il croyait avoir offensé par quelque légère vivacité, et faire même ces sortes de pénibles réparations à des personnes qui lui étaient très-inférieures à tous égards, sans excepter ses propres domestiques, dont il fut toujours moins le maître que le père.

Envisageons un moment M. l'Évêque d'Apt par l'endroit qui l'attachait à nous. En 1727, l'Académie, pleine de vénération pour ses vertus et d'estime pour ses talents, saisit avec empressement l'occasion de se l'attacher et le nomma à la place de M. Rigord qui venait de mourir. Son grand âge et les incommodités qui en sont presque inséparables, ne lui ont pas permis beaucoup d'assiduité à nos assemblées. Il a pourtant assisté à quelques-unes, et a regardé comme un malheur dont il n'a pu s'empêcher de se plaindre plus d'une fois, de ne pouvoir assister à toutes. Mais au défaut de sa présence, son cœur y était. Il estimait, il aimait tous les membres de la compagnie, il affectionnait ses exercices et ses ouvrages; c'était lui donner une vraie fête, que de lui lire quelque pièce qui eut été lue dans ses séances.

Il a fourni plus d'une fois son contingent littéraire : nous avons vu en lui dès sa première jeunesse un talent marqué pour la poésie, ce talent ne l'avait pas abandonné dans sa vieillesse : je trouve dans nos registres plusieurs pièces de poésie de sa façon; j'y vois en 1730 une *Ode* tirée du Psaume premier, où l'on trouve beaucoup de feu et des endroits véritablement sublimes; peu après, des stances contre l'amour profane adressées à la jeunesse; l'année suivante une fable et trois autres pièces de poésie. Toutes ces pièces sont rimées avec beaucoup d'aisance et de douceur. Outre celles-ci on en a vu plusieurs autres de lui en divers genres, composées pendant son séjour à Apt. On trouve dans quelques-unes du génie, dans toutes de l'esprit et de la facilité.

C'est dans l'exercice de tant de vertus épiscopales et civiles, que M. l'ancien Évêque d'Apt est parvenu à une des plus longues et des plus saintes vieillesses, si on excepte quelques infirmités plus incommodes que dangereuses. Il ne sentit diminuer les forces qu'elles lui avaient toujours laissées, qu'environ deux mois avant sa mort.

Enfin au commencement de décembre de l'année dernière il fut détenu au lit presque sans autre maladie que la défaillance de la nature. Il ne tarda pas à tomber dans un assoupissement qui fut d'un triste présage, mais qui lui laissa pourtant toute la liberté d'esprit nécessaire pour recevoir les Sacrements avec les sentiments de la plus tendre piété. Notre Prélat qui les lui administra, et que le zèle et l'amitié ont conduit deux fois chaque jour dans sa chambre, pendant toute la durée de sa maladie, y a été édifié, aussi bien que tous les assistants, de sa foi, de sa charité, de sa résignation, de sa patience.

Sa tendresse pour les pauvres ne l'abandonna pas dans cet état. Qu'il me soit permis de citer ici un trait qui le caractérise parfaitement, et dont j'ai été témoin oculaire. Aux approches de l'agonie étant tombé enfin dans une espèce de délire, il ordonnait un repas. Après avoir fait le détail des mets, au moins, dit-il, en élevant la voix, *qu'on fasse en sorte qu'il y en ait pour les pauvres.* Je sais que ce fut l'organisme qui prononça ces mots ; mais heureux ceux qui, par une suite constante de sentiments et d'actions de vertu produits avec choix, se sont acquis l'avantage de les continuer machinalement.

Son agonie fut longue : il passa trois jours avec un souffle de vie qui semblait s'éteindre à chaque instant. Enfin le 18 décembre de l'année dernière 1736, le Seigneur couronna sa sainte vie par une mort précieuse à ses yeux. Il a laissé en mourant sa mémoire en bénédiction au clergé, à la ville et en particulier à l'Académie qui s'estimera toujours heureuse d'avoir eu l'avantage de compter parmi ses membres, un Prélat que l'Église comptera vraisemblablement un jour parmi ses saints.

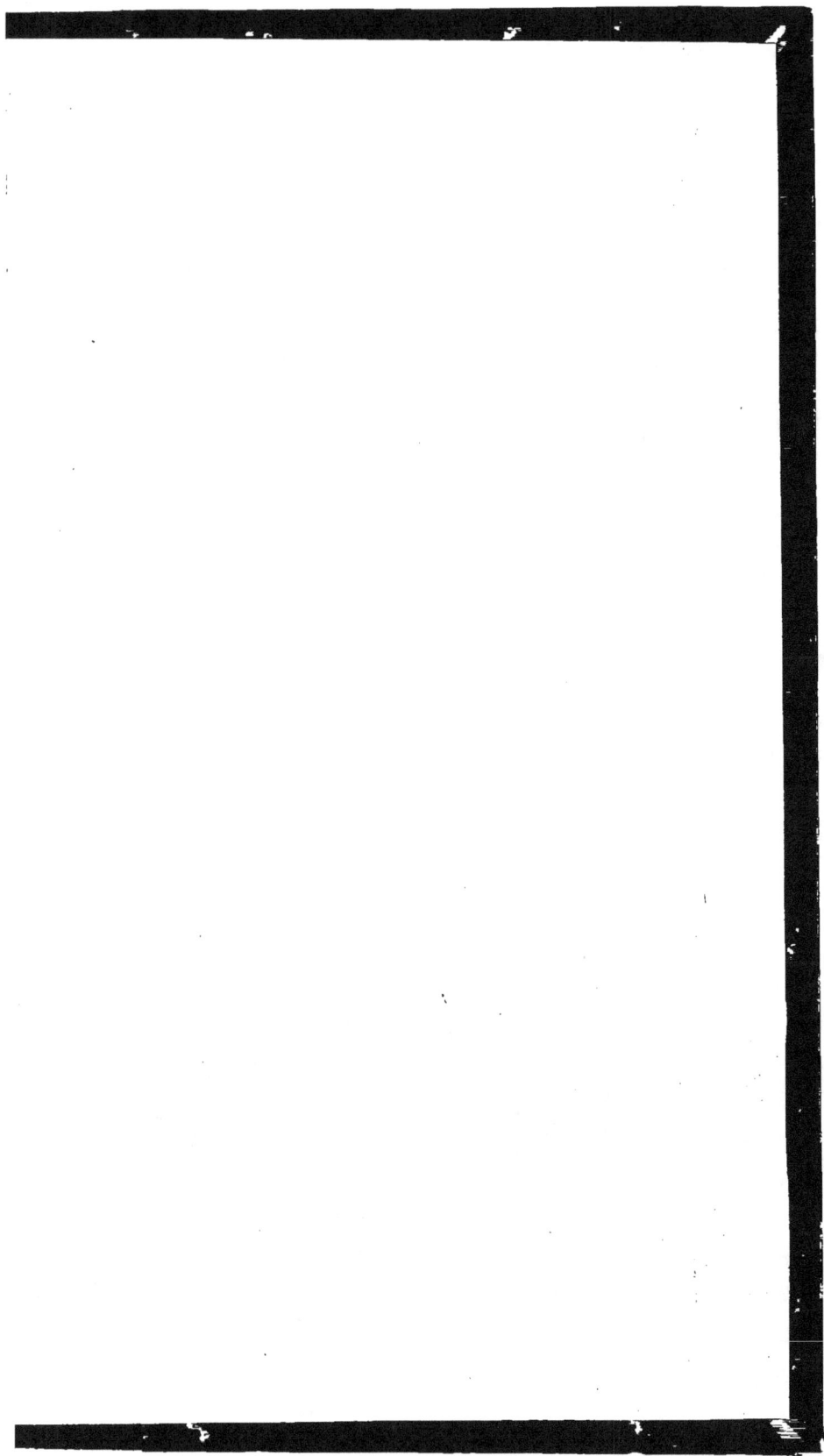

BIBLIOTHEQUE NATIONALE DE FRANCE

3 7531 04325036 5

www.ingramcontent.com/pod-product-compliance
Lightning Source LLC
LaVergne TN
LVHW051459090426
835512LV00010B/2229